Camino a La Abadía

CUENTO DE LOS BEATOS

Albert Anaya

Hambre y holocaustos, terrible sufrimiento y crujir de dientes. Granjas de exterminio, niños, mujeres y ancianos marcados como bestias, toda clase de tormento experimentado sobre ellos. Muchos buscaban la muerte y no la hallaban, muchos sin buscarla la hallaron. Socavones cavados por ellos mismos para luego echarles apiñados en montículos. Pestes y hambre en diversos lugares, hubo cosas espantosas, grandes terremotos y señales del cielo.

Y en los últimos días de aquella gran tribulación, el Sumo Gobernador de Nuevo-Imperio[3] tomó la trompeta de sus Estados, y levantando el brazo dio la siguiente orden: "Desatad al águila (de hierro) atada abajo del mar de Pónja" y entonces[4] fue desatada de las islas Anasmari del Norte; preparada para parir a un Niño Grande[5] dispuesto a la hora, el día y mes, a fin de matar a la tercera parte de la gente[6]. Y entonces, del cielo a la tierra dos terribles estrellas el mundo

vio caer. Y he aquí que hubo un gran terremoto como un gigante enfurecido que azotó sus pies contra el suelo. Ardor de un sol y huracán de fuego[7], todo monte y toda la Isla removió. Pensaban incluso que tenía dado el poder de resquebrajar la superficie de la tierra.

Y en un instante, trescientos mil mujeres, hombres, ancianos y niños fueron arrancados del suelo, reducidos a nada; fuerza monstruosa. Por esto, un pozo de abismo se abrió entre los hombres y de ese pozo salió un fuego inmenso, enrollándose como pergamino a más arriba de las nubes; quedando en toda calle una alfombra de esqueletos pulcramente deshidratados. Y aún con aliento radial de mortandad, dañaron toda cosa viva por tres años largos. Muerte espantosa, cimbra de la humanidad. Ingenio maligno que convierte el viento en fuego solo por causar sufrimiento[8].

---

tercero (Reich?) primero peor que lo fuera Nerón. Su revolución ocasiona gran derramamiento de sangre. Él llevará la batalla por las regiones de las nubes. Él hará que el horno vuelva a construirse. Nostradam. Centuria IX: XVII.

3 En ese tiempo, Mantru.
4 Enola G.
5 Primero a Niño Pequeño y luego a Grande.
6 Revelaciones 9:9

---

7 10000 grados al centro y 500 km/hr.
8 Lo opuesto al rayo positivo (Electrón?) destruirá a todos. La tierra y el mar temblarán. Fuego del color del oro, del cielo a la tierra será visto. Golpeado del alto nacido; hecho caso maravilloso. Gran pérdida de niños; gran asesinato humano. Presa del gran sobrino (del Tío?); muerte de espectáculo. Nostradam. III: XCII.

Y sólo hasta que de Este a Oeste le cercaron, Híster fue aplastado; y una vez que se conocieron sus hechos al mundo, la indignación de los pueblos fue tal que pensaron que semejante barbarie no volvería a repetirse. Una vez que las armas callaron, los poderes que estaban instituidos sobre la tierra quedaron furiosamente devastados. Menos dos.

3 EN AQUELLOS días de horrores, apareció en el Reino la señal del comienzo de la nueva era. Cuatro ángeles del cielo bajaron para dar testimonio del nacimiento de los que habrían de ser elegidos. Por esos días nacieron cuatro que vendrían a dar luz verdadera al mundo. Cuatro que (en águilas de hierro) vinieron de entre las nubes del cielo, y con gran voz trajeron una nueva palabra de libertad; en verdad te digo que por los cuatro vientos se escuchó su canto. Por causa que ellos nacieron, gran felicidad se instauró entre los pueblos; por causa que ellos nacieron, una revolución dio comienzo.

Terraingla, Terraingla la grande, pueblo sobrevivido de invasión por mil años; nadie en el tiempo nuevo tendría mayor parte que tú. Renacida de entre cenizas luego calma tuviste, mas otra revuelta aún mayor que todas antes juntas estaba por venirte. Y

por primera vez en el cuento de la historia, hecha por mujeres y hombres jóvenes; sin Capitanes ni Mariscales, y sin empuñar una sola arma; mas al contrario, flores. Constituida solamente de salmos inscritos sobre el espíritu de lo que el mundo un día dio por llamar "La Roca". La Roca no solo fue un sonido, sino el grito de guerra de toda una generación.

¡Oh! Púliver, Púliver de las naciones; trescientas leguas camino a tierras altas, aguas del Seymer; más allá de los gentiles. Pueblo dejado en tinieblas, no fuiste la más pequeña. Sobre ti se volvió a escribir la escritura: "El pueblo asentado en tinieblas vio gran luz; los asentados en región de sombra de muerte, luz les amaneció"[9].

Predicarán la paz y el amor, levantarán a los infelices; por ellos una nueva alianza se estableció. Pero no fue como las anteriores, sino que perdonaron las iniquidades de sus ascendentes y no guardaron memoria de los yerros de sus padres. Y con poderosas liras electras y comparsas marchosas, naciones hicieron danzar; tal fue su resonancia, que el mundo se cimbró. Relámpago de Oriente que resplandeció hasta Occidente; desde el Río Seymer al Bael y

---

9   Mat. 4:16.

de ahí hasta el Sonhud[10]; gloria derramada en gran marejada que arrasó en espíritu a los pueblos del mundo. "La Ola Terranglesa" así la llamaron.

Pero, los Gobernadores, los principales y todos los antiguos versados en la ley, no les escucharon. Les devolvieron mal por bien y odio por amor. Por sus modos, objeto de ira fueron del mundo; por sus salmos, las buenas nuevas anunciaron a los mansos. Porque por su enseñanza, muchos sacudieron su yugo; porque por su palabra, debilidad y amenaza a muchos Principados les vino. Curaron a los que tenían desconsuelo y consolaron a los que lloraban. Aunque también, de tal libertad, a muchos extravío les vino; y de ellos, los mayores escandalizaron de sobremanera y mucho escarnio vertieron. Y pronto llegaría un tiempo en que ser seguidor o prosélito de Los Beatos, era razón y causa suficiente de desprecio. Ellos fueron piedra de tropiezo y piedra de escándalo para las casas de muchas naciones. Es más, tanto despreciarían a uno, que por callarle, infernal conjuro formularon, y fue abatido por uno de los mismos de los que ellos venían a salvar.

En verdad te digo que otra generación no pasó hasta que todo

10   Mersey, Elba y Hudson.

esto hubo acontecido. Cielos y tierras desde entonces han pasado, pero sus salmos no han pasado. Y tampoco fue mucho, cuando al cuento del tiempo, la historia se refirió como: Antes de Los Beatos y Después de Los Beatos.

4[11]**DESDE** que era apenas un niño de primera infancia, Jonás

11   Por esos tiempos, los maestros de la ciencia desarrollaron muchos artefactos sorprendentes. Había uno como cuerno que se ponía a la oreja y a la voz, y ¡Ve! Que dos personas incluso estando de lado a lado del mar, podían hablarse aún en voz queda. Más adelante crearon el viento electro, y desde casas con torres como agujas diseminaban música o palabras al aire; de modo que igual alguien hablando quedo, podía ser escuchado a mucha distancia pero ahora por muchos a un tiempo. Después lograron que palabras o sonidos se imprimieran en platos hechos de aceite de piedra, delgados como el décimo de un dedo; y en ellos una orquesta cabía entera, y podían llevarla consigo a donde quiera que fueran. Hicieron también una caja obscura con un ojo de cristal que podía impresionar una tira larga, y guardar ahí voz y movimiento. Y cuantas veces se pasara, se veía y escuchaba exactamente lo mismo, sin ninguna alteración; de modo que un evento pasado podía incluso inducirse a pensar como si estuviera apenas sucediendo. Y ya por esos otros días, inventaron otro artefacto aun más sorprendente: Tenía un cristal cuadrado, como una ventana, y en esta, aun estando a leguas, no solo podía oírse sino verse cosas como si se les presenciara vivamente; a este

reconoció una gran fuerza en su interior. Pronto o lejos, discurría que algo grande estaba por él y muchos días pasaba encerrado entre libros en su casa. Luego en la escuela, aprendía con suma facilidad pues él mismo era de inteligencia superior; por lo que las asignaturas le daban tedio y desgano. Más luego, joven como de doce, siguió sintiendo que espíritus de irrealidad y fantasía le acompañaban diligentemente. Se iba a las butacas de atrás e inmerso en cavilaciones se decía él mismo: "O debo ser un genio o estoy completamente lunático". No atendía las instrucciones y entablaba riñas de constante con sus condiscípulos hasta que un día unánimes sus maestros acordaron mandarlo ante los Rectores. Estando ahí mucho le inquirieron y llamaron a su madre[12]. Y al llegar lo halló sentado al medio de estos; ora les escuchaba, ora les preguntaba. Y cuantos le oían, se pasmaban de sus respuestas (y sabiduría). De regreso, ella le reconvino: "Hijo: ¿Por qué haces esto conmigo?" A lo que él contestó: "¿Por qué me buscáis profesión de gentiles? Sabéis bien que su doctrina no me ciñe ¿No ves lo que es de mí?" Y

durante el camino ella meditaba y guardaba el sentido de estas cosas en su corazón.

Los padres de Pol provenían de sectas que en ese tiempo eran contrarias (Protes y Catos). Cuando Pol era como de doce, gustaba de andar los muelles de Púliver donde se reunía gente tanto de una legión como de la otra. Y aunque ambos se hacían seguidores del mismo profeta, seguido no llegaban a acuerdo; más bien disputaban airadamente de constante. Los Protes decían: "No prestéis atención a lo que este colega dice, pues no hay tal cosa como Pecado Original, ni nunca nadie nace de pecado" A lo que los Catos replicando se exaltaban: "¡Callad! solo os decimos que si no estáis expiados de continuo, os espera la hoguera eterna". Y al oír esto Pol, niño como era, muy asombrado de tales argumentaciones dedujo a sí mismo: "Mucho razona el mundo las fuerzas del bien y del mal sobre la base de personas. Unos le nombran de un modo y otros de otro ¿No verán acaso que todos van a uno?" Y desde ese tiempo su observación fue que tanto Protes como Catos, bien contribuían a la incomprensión y la intolerancia del mundo.

Ahora, su familia era afecta a la música, su padre mismo lo era y

---

le llamaron La Visión. Fue a través de La Visión, que por diez años que siguieron, Los Beatos fueron omnipresentes.

12 Su tía.

afable le convidaba: "Aprende y te invitarán a muchas fiestas"; así pues, la música le vino del padre. Los días primeros (el día del sol), gustaba asistir al templo y él mismo participaba en los cantos de los himnos. El día que cumplió catorce, su padre le regaló un corno de hierro, el cual le complació mucho y de inmediato se dispuso a aprenderlo; pero como también gustaba de cantar, luego volvió a la tienda y lo cambió por una lira. Y no pasaron muchos días, escribió su primer salmo.

Yorch provenía de una familia numerosa; su madre era de los Catos y su padre no parecía pertenecer a ninguna. Por ese tiempo, todos los días quintos del mes por la tarde, el párroco de la colonia salía a las calles alrededor, cepo en mano, pidiendo para la construcción de un templo más; mas en cuanto le veían venir bajando a la distancia, los niños afuera de inmediato se ponían a dar voces: "¡viene el cura, viene el cura!" y salían despedidos a esconderse en sus casas donde sus padres corriendo puertas y cortinas, apagaban las luces y se quedaban quietos fingiendo no estar.

Ya como a la edad de once, según marcaba la ley, sus padres lo llevaron a presentarlo al templo (pues él no lo conocía); y en cuanto entró, quedó asombrado profundamente y se llenó de temor al ver en las paredes las pinturas de sangre sobre un hombre llevando a espaldas un pesado madero en cruz mientras todos le escupían a su paso. Y niño como era se preguntó "¿A qué vendrá todo esto?" mas le gustaron las velas y el olor a incienso. Luego que otra vez llegó el tiempo ahora para confirmarse, dijo a sus padres: "No os molestéis por mí, ya me confirmaré yo mismo"[13].

Entre tanto, como de seis años cayó gravemente enfermo Rigo; durmió por tres meses. Tres veces dijeron a su madre que moriría[14]. Pasado un tiempo, recobró salud y salió del hospital. Luego un día camino a su escuela, al pasar por una tienda de largos vitrales, vio un tambor enorme y quedó profundamente conmovido. De ahí cada que pasaba, no veía liras ni nada sino tambores; tambores

---

13   Un día, su padre les llevó un plato que trajo del Imperio, donde se cantaban canciones de campiña acompañadas con liras. Y este sonido dejó extasiado a Yorch, nunca antes había escuchado liras; en ese tiempo no eran comunes en Terraingla. Y de ahí, estando Yorch en sus clases se iba también a la parte de atrás y abstrayéndose de todo, llenaba sus cuadernos de dibujos de liras; inmerso estaba en las liras. Al terminar su paso por la escuela, el director escribió en su historial: "No sé para qué o para qué no es apto, no mostró interés en nada".

14   Pero no solo no moriría, sino que (también) vencería a la muerte.

era lo único que quería[15]. Pasados los años, regresó a la escuela a donde fue, requiriendo constancia de haber pertenecido; pero una vez que revisaron los archivos, le dijeron: "Usted no ha estado aquí" y ninguno de ahí le distinguía[16].

Los días trece del tres, la legión de los Protes festejaba las fiestas del patrono Patricio. Gran desfile por barrios de Púliver, en uno de los que vivía Rigo. Sucedía que cada ello, era ocasión que a los Protes les daba por patear a los Catos. Pero luego, los doceavos del séptimo, el día (de la Orden) de la Naranja, a los Catos les venía la suya e igual era ocasión para regresarles a bofetadas. Todo ello parecía en extremo absurdo a Rigo.

Y así en esta forma cada uno por su parte, continuaron progresando en sabiduría y desarrollo físico, creciendo y haciéndose fuertes; y el favor de los dioses estaba sobre ellos.

15 Mas adelante, volvió a caer enfermo, esta vez diez meses. Y que mientras estaba ahí, en dos varas de madera anudaba gasas de algodón, a modo de palos para tambores, y que hasta entró a una orquesta que tenía el hospital.

16 Pero luego que ascendió con Los Beatos, esa escuela cobraba por mostrar y sentarse en el pupitre que decían que había usado; ese sí lo distinguieron. Y luego apenas a los veinticuatro, fue distinguido como Regidor Segundo de la Logia de los Doctores en Leyes (U. de Leeds).

5 En un principio, el espíritu se hizo sonido y el sonido, Roca. La Roca provino del espíritu de los de color, La Roca estaba en el mundo pero por ellos fue hecha. Música de esclavos por la que llegaron a reyes[17]. De tierras del sur de Nuevo-Imperio, de las sinagogas del delta del Missis, de los cantos de alabanza a Dios, La Roca vino al mundo; siendo según se opinaba linaje de:

Sinagogas de África (que engendró a)
Evangelio (Gospel) (que engendró a)
Nostálgicos (Blues) (que con)
Grandes Bandas (engendró a)
Yaz (que otra vez con)
Evangelio (engendró a)
Ritmo (que otra vez con)
Nostálgicos (engendró a)
Ritmo y Azules (que engendró a)
Alma (que con)
Folclor (engendró a)
Rocabilly (y luego a)
Roca (cuya danza fue)
El Tuerce (ahora que)
La Roca (es también)
Ritmo y Azules (de pulso elevado)

¡Oh espíritu de Roca! Sabia y mundana palabra tiene tu basamento, misterio y malicia; espíritu grandioso que llenó de júbilo a una generación entera

17 Fats Dómino de N. Orleáns, Little Richard de S. Luis, y Chuck Berry por Georgia; padres de La Roca.

(palabra que proviene de la entraña y la entrepierna); espíritu que comporta una nueva creencia. Por ti, muchas lenguas hablaron una sola. Revolución de su generación; sonido de libertad y rebelión. A causa de ésta, muchos se salvaron (de ser delincuentes). Por causa de la Roca, gran separación entre lo nuevo y lo precedente fue establecido. Por La Roca se pusieron en disensión el hijo con su padre, la hija con su madre y la nuera con su suegra. Por primera vez, la nueva palabra fue creada por hombres y mujeres jóvenes, y esto despertó ardiente pasión por sus expositores.

Nuevo-Imperio, el Grande; en ese tiempo llamado "Tierra de los Libres"; de ti vendría La Roca. Sin embargo, en un principio la reputaste profana y la aborreciste; mas así era necesario que ocurriera para que se volviera a cumplir la escritura: "La Roca que el arquitecto desechó, llegó a ser La Roca angular".

Al principio, el nuevo sonido comenzó a escucharse aquí y luego allá, y nadie sabía qué o cuándo volvería a escucharse; pues en un principio todavía nadie le imponía control. La roca era suave, suelta y sudorosa; La Roca estremeció a los jóvenes de ese tiempo. La Roca llenó de júbilo al mundo, no era

nada parecido a todo lo que habían escuchado antes.

Sin embargo, en ese tiempo los Principados de Nuevo Imperio, consideraban como Híster, su linaje superior; y todo lo que venía de los de color les parecía intransigente y/u obsceno[18]. Pero ¡Ve! que en el año quince de la nueva era, una mujer en Alabamás se negó a sentarse en la parte de atrás en una carroza; y en verdad te digo que este fue el comienzo de una gran conmoción en el mundo entero[19].

[20]A la sazón, por estas regiones del Sur, habitaba también una

---

18 Por ley, a los de color no se les permitía hacer lo siguiente: Estudiar en las escuelas superiores, lavar su ropa en cualquier lavandería, entrar a cualquier mesón, alquilar casa en ciertos barrios, sentarse en las filas de adelante en los camiones, debían ceder los primeros asientos en los vagones, debían bajarse de las aceras al encontrarse con un pálido, no podían ir a cualquier cine o teatro, hospedarse en cualquier hostal, y ni siquiera se les permitía entrar a los templos pálidos; deja tú votar. Hasta los candidatos en campaña les ofendían porque ello les redundaba sufragios.

19 El movimiento por la igualdad más vasto en la historia de todos los tiempos.

20 La Roca inflamó la intolerancia y enfureció a Los Gobernantes; y desde los púlpitos, los Sacerdotes del Sur aprestaron sus voces para decir: "La Roca no proviene sino

legión rigurosa conformada de pálidos, naturales del Imperio y creyentes del orden Protes; celosos de la escritura y la moral[21].

Vestían manto largo y sombrero puntiagudo, y se hicieron llamar así mismos con el nombre de: "Los CuCos" (El-Clan-de-los-CuCos o los CuCosClan)[22]. Los CuCos se dieron por asolar las Iglesias de color y entraban en las casas arrasando con hombres y mujeres; los llevaban a los bosques y les despojaban de sus ropas, causándoles muchas vejaciones. Después iban y les entregaban a los alguaciles, quienes los encarcelaban y les hacían pagar multas; haciendo

del maligno, no prestéis atención a sus placeres" Un Gobernador dijo. "La Roca es Roja conspiración, contraria a nuestra forma de vida"; y otro más: "La obscenidad y la vulgaridad proveída por La Roca es una manera de hacer posible que un pálido se denigre en espíritu a un moreno". Luego, los padres pálidos salieron a las calles muy llenos de ira, y acercándose los escribanos les decían: "Nos constituimos en encomienda para acabar con ese espíritu animal llamado La Roca". Días después, La Roca fue proscrita (en el sur).

21 Fanáticos con mucho dinero; integrantes que ocupaban ministerios en el Gobierno. En los juicios normalmente se les declaraba libres por falta de pruebas, incluso confesos de homicidio; trataban siempre de imponer la supremacía de su credo.

22 También llamados Los KK.

con esto escarnio entre el pueblo[23]. Hasta los mismos jóvenes pálidos, afligidos se decían: "¿Pero cuál es el sentido de tanta segregación?"

Pero La Roca no pudo ser dominada, fue superior a los estamentos, y pronto los (jóvenes) pálidos comenzaron a acercarse con disimulo a los teatros de color: y se iban a los asientos traseros y de arriba, mientras los otros ocupaban las filas del frente. Pero ya avanzada la celebración, tanto se imbuían de espíritu, que los que estaban arriba brincaban abajo y los de atrás adelante; y ahí danzaban como uno. De este modo, muchos pálidos aceptaron La Roca abiertamente y se convirtieron. Y entonces una vez que irrumpió en Nuevo-Imperio, pareció como una fiebre que se contagiara. Por eso hasta hoy día, a ello se le conoce como: La fiebre de La Roca[24].

De ahí un poco más adelante, un día ¡Ve!, apareció por los cielos de

23 Incluso para los ya afamados, las giras eran riesgosas, pues las muchachas blancas se arrojaban a ellos y eso enfurecía a sus padres. Chuck Berry fue encarcelado por haber dormido con una pálida.

24 Al poco tiempo, a los bailes iba gente de todos los estratos, hijos de los gobernantes, y las muchachas se despojaban de sus zapatos para bailar y nadie se avergonzaba. Y la suma de estas pequeñas integraciones, pronto daría una grande, más allá de sus publicanos.

Terraingla un cometa viniendo por Occidente y la gente se maravilló; al día siguiente, un predicador venido del Imperio, llegó a Dreslón a pregonar las buenas nuevas[25]. Y sucedió que apenas lo escucharon, los hombres y las mujeres jóvenes del Reino se llenaron de espíritu con un salmo que él usaba decir:

1. *Uno dos tres cuatro en punto, Roca. Cinco seis siete en punto, Roca. Nueve diez once, Roca. Roquearemos alrededor del tiempo*
2. *Cuando la Roca llegue a uno, danzaremos, desde la penumbra hasta el(nuevo) amanecer*
3. *Cuando el reloj llegue a siete, estaremos en el séptimo cielo. Y cuando el tiempo llegue a su fin, comenzaremos de nuevo a Roquear.*

Y una vez habiéndolo oído, como de un día a otro se convirtió en el himno de los jóvenes del Reino. En toda sala donde este se apareció, quedaba en despojos.

6 [26]POR AQUEL TIEMPO, por las tierras vírgenes cercanas al Missis, la voz de un hombre resonó como un trueno. Su nombre era Visél, él vendría al mundo como máximo exponente de La Roca y pronto fue nombrado "(El) Rey".

Él vendría a dar testimonio de la nueva palabra y bautizaría con el agua de La Roca[27]; y pronto fueron a encontrarle la gente de la región de Phismem y de todo Nnessete, y de toda la ribera del Missis. Visél movió una gran montaña que estaba atravesada, Visél sería puerta de entrada por la que muchos entraron; por él movidos a gran conversión. Se decía incluso que Visél era La Roca misma.

Envuelto en ropajes ceñidos, alto y delgado, de larga y engrasada cabellera en copete, y agitándose vigorosamente, Visél exaltó La Roca como nunca antes se había visto. Las muchachas desfallecían ante él y sus padres se asustaron mucho al ver la forma en que se movía al entonar; gran escándalo dio Visél. ¿Habrase visto moverse a un pálido así?[28]

Entonando este salmo Visél anunció al mundo la venida de los tiempos:

1. *Es ahora o nunca, mañana tarde será, es ahora o nunca, no puedo esperar*

Luego les decía:

---

25 B. Halley y sus Cometas. Halley como el Cometa.
26 Mar. 1:5-7. Ju. 1:6.

27 Él mismo era de (la legión de) Los Bautistas y voz principal en el coro de su templo.
28 En ese tiempo consideraban obsceno variar temblorosamente las piernas, deja tú las caderas. En La Visión no le pasaban a más abajo del torso. "Visél el Vispél" le decían.

2. *Desde que a unos vi, de
sonrisa gentil (que detrás de
mí vienen), mi corazón fue
aprisionado, mi alma rendida.
Ha sido una vida, esperando
su venida; ahora están aquí,
el tiempo es cerca, al fin*

3. *Un cauce lloraremos si
verdadero amor y dulce
devoción perdemos. Su
labia excitará, a sus brazos
invitarán. Y quien sabe cuando
volveremos a encontrarnos
así*

Y terminaba a gran voz:

4. *Es ahora o nunca, no
esperaré; es ahora o nunca...
no esperaré.*

Pero luego les instigaba
severamente (a la conversión) con
este otro:

1. *¡No son ustedes más que
perros (falderos), que plañen
sin cesar!*

Y se los repetía fustigándolos aún
más:

2. *¡No son ustedes más que
raza de perros, que plañen
sin cesar!*

3. *Te dices de alta ascendente,
eso es falsedad; te dices
de alta ascendente, eso es
falsedad*

4. *Y si no cazas a tu presa, no
pertenecerás a mi amistad.*[29]

Con estas y otras muchas
exhortaciones anunció Visél las
buenas nuevas al mundo. Sin
embargo, él no era el principal sino
preludio de la verdadera palabra.

7[30]EN ESE TIEMPO, los
muchachos de Púliver desesperaban
por toda cosa nueva cuanto
aparecía. Si una canción, todos la
oían; si una cinta, todos la veían.
En ese tiempo no se conseguía una
taza de azúcar, deja tú un plato (y
menos de Roca).

Un día estando Pol en su escuela,
muy excitado llegó un condiscípulo
porque había mercado un retrato
de Visél; y lo mostró a todos. Y
entonces, en cuanto Pol lo miró, le
pareció de tan buena estampa que
se inundó de espíritu y señalándolo
de pronto exclamó ante los que
estaban: "¡Este es! El enviado que
hemos estado esperando".

---

29 "Y todo árbol que no de fruto
será cortado y echado al fuego"
Curiosamente, los compositores de
este eran Díosju.

30 En aquel tiempo, la radio era lo
principal en Terraingla. El Gobierno
controlaba las Casas de Antenas, La
Roca era casi proscrita. Los jóvenes
de Púliver solo podía escucharla
yéndose a los muelles a comprar
platos que traían marineros del
Imperio o a través de una Casa
extranjera (Radio Lux(emburgo)).

Como al mes quinto del décimo sexto, al ir pasando por unas tiendas, escuchó Jonás la última (buena) nueva de Visél. Y entonces ¡Mira! Que al momento quedó paralizado y le sobrevino a su cuerpo una sacudida fuerte, como flujo de un rayo que le recorrió. Y he aquí que los cielos se le abrieron y vio a un espíritu que descendía; y quedándose así viendo arriba, La Roca se posó sobre él, y en cuanto le tocó, le derribó al piso. Y entonces al volver la vista alrededor, todo le pareció irreal, solo La Roca le pareció real. Él no tenía idea de hacer música como un modo de vida hasta que La Roca le golpeó; y una vez que le golpeó cambió toda su vida[31]. Visél instituyó un gran movimiento. Por eso, antes que se hable de Los Beatos, háblese de Visél.

En el trascurso de esos días, se conoció que una de sus cintas sería pasada en todo el Reino, lo cual causó gran revuelo entre los jóvenes, y salieron de inmediato a las salas. Y tantos eran, que se apiñaban contra las puertas; y ya adentro apenas aparecía Visél, las doncellas saltaban de sus asientos y comenzaban a chillar de gozo, mientras los hombres también maravillados observaban la palabra, apariencia y cadencia de éste; de modo que al salir cada uno creía ser Visél mismo[32]. Durante uno de los días en que Visél estaba convirtiendo (a distancia), Jonás se mezcló entre la gente porque también deseaba bautizarse, y en cuanto lo vio aparecer, se dijo: "Eso sí que es una buena labor" Pronto, por todas partes se oía hablar su nombre, y en las escuelas y plazas publicas, Visél y La Roca hacían la única disertación entre los de sangre nueva.

Así, una vez que La Roca descendió en el Reino, de inmediato se pusieron a imitarla[33], y por causa que era fácil de hacer, pronto muchos participaron de ella; y por primera vez los jóvenes se hicieron de un sonido propio, pues antes de esto la música del Reino no era permitida sino a los versados. Pero ahora, el canto de los trabajadores de las minas y de los obreros,

---

31 A partir de ese momento, La Roca y Visél le parecieron mayores que el templo (y a miles otros también), porque mientras la Iglesia hablaba de misterios y de cosas ocultas, La Roca les hablaba de la luz. Mientras el templo era todo quieto, La Roca era libertad; el Reino solo rigidez y corrección. Y aunque aún no conocía Jonás imagen de Visél, se puso a adorarle del mismo modo que la gente adoraría a Los Beatos.

32 Tanto fue el alboroto, que todas las salas donde Visél se apareció, quedaron destrozadas.

33 En ese tiempo en el Reino las liras no eran tradición. Pero con cuerdas tensadas a cajas de madera y tablas de lavar, procedieron desinhibidos a rasgarlas de forma marchosa.

mezclado con Roca, vino a llamarse Eskive. Y pronto en calles y plazas públicas, de espontáneo se llenaban de Eskive, y las doncellas al pasar dejaban lo que estaban haciendo y se ponían a danzar de muy buena gana. El Eskive hizo brotar la celebración por todo el Reino. Pero no prevalecería.

El Eskive pasó, los jóvenes del Reino volvieron a la música de sus padres y también en el Imperio La Roca se sosegó[34]. Pero, en el puerto de Púliver, el Eskive se restableció entre los jóvenes. Los muchachos de Púliver iban a los embarcaderos esperando a los marinos que venían de La Unión, trayendo consigo platos con las buenas nuevas de la Roca, los cuales vendían costosamente, pues en ese tiempo no había discos de Roca hechos en el Reino. Así pues, muchos jóvenes por toda Púliver se congregaron en pequeñas bandas en torno a este sonido, y pronto llegaron a ser como ciento cincuenta.

8 AHORA, otro día, la tía de Jonás le obsequió una lira; tanto le agradó que de inmediato se dispuso a instruirse e imitar a Visél cuanto pudiera, haciendo claustro por días en su casa,

tratando incesantemente[35]. Tan porfiado estaba, que un día, su tía le dijo: "Virtud sin duda manifiestas, hijo, pero nunca nadie te recordará por causa de una lira". Pasado otro tiempo, Jonás y unos amigos discurrieron formar un grupo nombrándose a sí mismos: Los Hombres de Cantera; se presentaban donde quiera que les invitaban, y en ese tiempo no mostraban realmente virtud.

Vino a suceder, que uno de esos días, fueron convidados a tomar parte en las fiestas patronales del templo de San Ordep, en Púliver. Ahora, un día antes, Pol se encontró con un amigo, nacido el mismo día que él, y entonces mostrándole el panfleto le dijo: "¿Te gustaría venir a esto mañana?" Polo respondió: "¿Por qué?" "Nada, habrá ahí una reunión en los jardines y se expondrá Roca. Si deseas podría presentarte a algunos" entonces Pol asintió.

Al día siguiente, soleado, de buen aire, a uno de los jardines de al lado del templo, mucha gente departía bocadillos, había rifas y exposiciones y puesto un tablado al frente. Llegó pues Pol hasta ahí y una vez al salir el grupo este, uno de entre ellos llamó su atención en particular. Una vez terminado su parte, el amigo llevó a Pol

---

34 Después de varios ciertos trágicos accidentes y muertes, fue remplazada por jóvenes mansos, de canto suave y escrita por "La Industria"

35 En sueños le venían visiones en que él mismo resplandecía como Visél.

tras el tinglado a donde estaban estos; pues acaso pensó que sería una avenencia que se conocieran. Y así en el mes séptimo del año diecisiete de la nueva era, un día sexto, Pol y Jonás se encontraron.

Y entonces, apartados de la gente en un salón del templo presentó a Pol ante el grupo y les conminó a escucharle. Asintieron ellos y le ofrecieron una lira[36]. Vio entonces Jonás, de Pol el talento, y asombrado como estaba, se apartó a un rincón y pensó; "yo soy el líder ¿Debo incluir a este que es mejor que yo, o no?"

Más entonces, fue ahí mismo que le hizo una pregunta; de la cual nadie en ese momento habría podido imaginar lo que pasaría. Se volvió a Pol y fijando su mirada en él, le dijo: "¿Te gustaría unirte al grupo...?" Y ¡Mira! Que en cuanto hubo dicho esto, algo asombroso sucedió: las nubes se abrieron, pasando un rayo de luz que se posó directamente sobre ellos, y entonces volvió Pol sus ojos a Jonás y respondió: "Sí". Y en eso, del aire se hizo un vacío profundo, como si se inhalara a sí mismo y de repente un tronido

recio de viento vino por sobre toda la ciudad, resonando como martillazo de cuerdas en grave frecuencia del tercer acorde[37] que llenó toda La Iglesia y toda casa alrededor hasta desvanecerse; dejando atónitos a todos los que estaban.

Al día siguiente, Pol que era de Tonaller, fue en busca de su amigo Yorch; lleno de entusiasmo se puso a contarle: "He hallado a uno en verdad magnifico, ven esta noche y te llevaré a con él". Así, una vez que el día hubo declinado, cerca de la hora última, se encaminaron a las afueras de la ciudad, hasta llegar a un vagón abandonado donde sabía rondar Jonás. Una vez que llegaron, le encontraron solo y entonces presentó Pol a Yorch a Jonás. Y solicitando le escuchara, conminó a Yorch diciéndole: "Anda, venga, muéstrale". Tomó Yorch en sus manos la lira que llevaba a la espalda y procedió. Y entonces, nuevamente regocijado por cuanto había escuchado, sin más dijo a Yorch: "Sé con nosotros" Y a esto, como el día anterior, en un instante el aire se comprimió e inmediatamente tronó otra vez al cielo.[38]

Así pues, ya siendo los tres, según la costumbre de ese tiempo, se pusieron un nombre y luego otro

---

36 Dispuesta para diestros y Polo era izquierdo; no obstante la tomó en sus manos y no la invirtió. Y entonces con la lira asida, hizo una célebre Roca-melodía. Pero lo que más impresionó a Jonás fue que sabía la letra.

37 Ver Antología 1.

38 Ver Antologías.

y otro, no atinaban uno que les agradara del todo; dejando esto se retiraron de ahí. Ya muy entrada la noche, llegó Jonás a su casa y yéndose a su habitación se recostó sobre su cama, manos a la nuca. Y entonces en eso ¡Mira! Ya siendo como de diecisiete, de pronto, le vino una visión: de un pastel del que salían lenguas de fuego como hoguera, descendió encima un espíritu en forma corporal de un hombrecillo como duende. Ante aquello, Jonás cayó sobre su rostro y entonces el hombrecillo le habló con voz ladina y de trueno, y le dijo: "A partir de ahora, os haréis llamar por el nombre de 'Los Beatos' de modo que cuando se lea, aluda a Ritmo; y cuando se pronuncie, unión con Dios".

A la mañana siguiente, llegó Jonás a donde estaban Yorch y Pol, contándoles lo sucedido. Y regocijándose por cuanto les dijo, aceptaron de inmediato el nombre; y ese mismo día compusieron entonces su primer salmo, el cual decía así:

1. *A pesar de todo el peligro, a pesar de todo lo que pudiera ser. Haré cualquier cosa por ti, cualquiera que quieras de mí, si me eres fiel*
2. *No importa el dolor (de corazón) que puedas causarme. Haré cualquier*
3. *cosa por ti, cualquiera que quieras de mí*
4. *Veré por ti como nunca como nunca he hecho antes. Alejaré a todos de tocar a tu puerta, si me eres fiel*
5. *Uhh, dubbi du, dubbi du.*

9 NO MUCHOS días después de esto, les convidaron a presentarse al Norte del Reino, pero este viaje no fue en avenencia; la gente se rió de ellos y pocos asistían a los salones. Al regresar a sus casas parecían como huérfanos, tenían los zapatos gastados, los pantalones derruidos y los bolsos vacíos. Pero cuando más doblegados estaban, se ponía Jonás a dar palmas y saltos, y les alentaba vigorosamente, preguntándoles: "¡Hey! ¿Adónde conducirá nuestro sendero?" A lo que ellos regocijándose con él, respondían: "A lo más encumbrado de las cumbres" y entonces todos exclamaban a uno: "Yeah!" Jonás les dijo: "Creed que seremos el mejor grupo sobre la tierra y eso es lo que nos hará; solo queda el tiempo"

Luego de esto, su ministrador les consiguió se presentaran a tierras de Hermania, en un puerto donde sus moradores gustaban de conocer cosas novedosas, en muchas formas, eran muy permisivos. La ciudad se llamaba Burgoham y era tenida por lugar de perdición.

Sus padres no terminaban de consentir. La madre de Jonás le advirtió: "¿Burgoham, La Ciudad del Pecado? Por supuesto que no irás" Al día siguiente, impulsados diligentemente por el espíritu, se embarcaron a las regiones áridas (de virtud) de Burgoham, al otro lado del mar (de La Mancha), a que el diablo les tentara; entonando este salmo:

1. *Escribiré una carta con una petición local. Es por música de roca, quiero que la pongan a sonar*
2. *La temperatura elevará, botará los fusibles. El corazón batirá con ritmo y el alma seguirá en los tristes*
3. *Tendrán fiebre de Roca, ocupan un remedio de ritmo-y-azules*
4. *Y tan estruendosa que mismo Beethoven volverá a escuchar.*

39

---

39 Padres y Maestros advertían: "Alejaos de ese Jonás que nada bueno os vendrá de él"

Capítulo 22

PERO LLEGADOS a Burgoham, bien entrada la noche, nadie les esperaba. Preguntando encontraron a muchas calles la posada, cerrada. Al otro día, les recibió el posadero y les instaló en una habitación pero andrajosa, sin más que sillones desvencijados y junto a unos retretes públicos, de modo que todo ahí era olor nauseabundo y el alimento que les dispensaban era maíz inflado y leche; de modo que en aquellos días más bien ayunaban.

Burgoham era tan alumbrada de noche que vista de las colinas parecía un lago; muchos dormían de día y no salían hasta puesto el sol, y por dondequiera que se mirara había luces parpadeantes y mujeres con el rostro cargado de maquillaje. Ciudad de interminable celebración, toda clase de comportamiento permitido, hordas de marinos se reunían a degustar el vino y el licor de cebada de los mesones; se sentaban en las barras y bebían hasta caer de sus asientos y se tambaleaban en la calle. Había también mucha gente lisiada, con desfiguros por causa de la guerra; se juntaban ladrones, traficantes de mujeres, todo tipo de personas perniciosas; muchos ahí eran como fieras y la ciudad misma era impía y temida por sus iniquidades.

Días antes, el posadero anunció en su mesón, que unos venidos de Púliver de Terraingla pronto llegarían con más nuevas de Roca. De este modo, al día de su presentación vinieron a su encuentro endemoniados, y tan furiosos que nadie era capaz de pisar los estrados de aquellas tabernas. Ya estando reunida la gente, los introdujo ante la audiencia de malhumorados marineros y risueñas mujeres; salieron entre rechiflas y esperaban ver de ellos algo sorprendente. Sucedió pues, que tímidamente comenzaron su letanía y una vez que terminaron la primera, ninguno de los presentes estaba movido; más bien muy fastidiados. Y se pusieron a lanzarles insultos junto con botellas y bancos. Agachados ellos detrás del tablado, se decían azorados: "Esta casa está llena de almas viciadas. Difícil será nuestra labor" "¿Qué tienen contra nosotros?" Y entonces, estando en eso, Jonás dijo severo: "¿acaso venimos a que nos arruinaran estos inmundos? Hagámosles callar" Y diciendo esto, volvieron a salir.

Viendo que la multitud seguía agolpada, se afirmaron colocándose en posición y volteándose a ver, contaron a cuatro, lo cual era señal para proceder a uno. Comenzaron a parlotear recio y a lanzar insultos al aire muy excitados expirando Roca al cien. De modo que comenzaron a danzar como dementes y sacudiéndose agitadamente como primates. Así, que tanto los que estaban delante como los de atrás, uno a uno fueron callando. Viendo esto el posadero, se acercó a ellos y les dijo: "¡mostraros más, mostraros más!" Y estando así, entraban y salían ante la gente, en una de esas, Jonás solo en paños menores, llevando orgulloso una tapa de retrete puesto al cuello, como gargantilla. Se desgañitaban y se tiraban de los cabellos, reprendiendo a los espíritus inmundos y mandando a los demonios de pesadumbre a que se largasen de ahí y que no volvieran más. Y entonces, tomando los espíritus para consigo, de derepente cayeron derribados al suelo, siendo revolcados y sacudidos violentamente sobre el tablado y hasta echaban espumarajos por la boca por causa de las almas repugnantes. Y así, aullando y clamando, los malos espíritus fueron arrojados con furia del hostal.

En el piso quedaron, exhaustos como muertos. Al ver la audiencia lo sucedido, atónitos y temerosos en gran manera se acercaron y mirando estupefactos decían: están muertos. Mas en eso se recobraron erigiéndose, saliendo de ellos el maligno sin hacerles daño alguno. Y sobrecogidos de asombro y llenos de temor, decían: "¿pero qué es lo que hemos visto hoy? Hoy hemos visto maravillas". Así, en Burgoham de Hermania, dieron Los Beatos comienzo de sus señales.

Una vez concluida su jornada, se acercó el posadero junto con otras gentes y les dijo: "Hemos visto cuanto han hecho y en verdad que sois grandes". Les decían esto por lo que les habían visto hacer aquella noche; mas de cosas mayores serían testigos: verían los cielos abrirse a su paso y descender estos, compulsados como hijos del mundo.

De ahí en adelante, entonaban con cuanto les viniera y hacían cuanto querían según su espíritu les daba hacer; y para los de Burgoham siempre que fuera estridente estaba bien. Se sostenían en el estrado durante horas, machacando desde la hora sexta de la tarde a la tercera, y dueños de otros mesones también iban a verles. Y no pasaron muchos días, ya la gente coreaba: "Queremos ver a estos, queremos ver a estos"; salían y les pedían a gritos que entonaran tal salmo o tal otro. Entonces Jonás comenzaba a hablarles en parodias e imitando a mismo Híster, regocijando a la gente; y los ladrones y los traficantes les recompensaban mandándoles odres de licores finos. Porque en las fiestas ordinarias, echan primero los mejores salmos y luego los inferiores. Pero ellos guardaban los buenos salmos hasta el final.

Advirtiendo el posadero que habían ganado estima entre los comensales, al tiempo les llevó a un mesón más grande, estipulando mejor salario, donde departirían con otros también venidos del Reino, llamados Los Señores. Y por causa de tal lucidez, más prole de Burgoham comenzó a acercarse a ellos, porque su palabra era aún más agradable y quedaban maravillados de escucharles. En esas tierras permanecieron por más de cuarenta (aturdidos) días y cuarenta (frenéticas) noches, curando a los que tenían el mal de pesadumbre y expulsando demonios. Ahí estuvieron en esos lugares áridos de espíritu hasta el día de su manifestación en Púliver.

2 SUCEDIÓ una noche, que deambulando por ahí un joven de aspecto afligido oyó la algarabía del sótano y decidió entrar; pidió licor y se apartó a una orilla. Su vestimenta era de pieles negras, llevaba el rostro palidecido, el cabello hecho hacia delante, y en su mente no había sino pesadumbre

y rechazo al sistema de cosas; de esos que se decían: Los Exis[40].

Pero que esa misma noche, en cuanto escuchó La Roca de Los Beatos, quedó como aturdido, provocándole en gran manera, y solo entonces desde mucho tiempo volvió a tener regocijo. Tan prendido quedó de ellos, que a la noche siguiente regresó llevando a su novia, y sucedió también que una vez oyendo los salmos que oyó, quedó impregnada de espíritu, y de ahí ambos volvieron a creer en la alegría. Al poco tiempo se hicieron amigos y un día les convidaron a cenar a casa de ella. Una vez ahí, ella les vistió en pieles negras y les cortó el cabello, echado de modo suelto hacia fuera y así les hizo unos retratos. Y en verdad te digo que por esa apariencia, una conmoción de libertad fue despertada sobre todo hombre y toda mujer joven del mundo de esos días.

Al tiempo, el contrato con Los Señores terminó y en su lugar vino otro grupo de los más

---

40 No tenían teoría para cambiar el mundo. Indolentes, ajenos al mundo que no sienten suyo. Generación de angustia y desesperanza dejadas de la gran guerra, que preferían vivir fuera a obligarse aceptar las alucinaciones de los que consideraban más confundidos que ellos. Volvían la espalda a los medrosos y no se ocupaban del prójimo.

renombrados en Púliver, llamado: El Tormentas y sus Huracanes. El día que llegaron, Los Beatos les recibieron con gran expectación y apenas vieron a uno entre ellos, les impresionó de sobremanera: mayor de edad, llevaba barbas, cargado de anillos y había cambiado su nombre, a Rigo.

Y así, alternando hora y hora, siete noches siete horas, La Roca fue predicada como nunca antes nadie había visto; no tenían competencia y lo que generaron ahí fue fantástico. Así de este modo, la gente comenzó a hablar lo que habían visto y de pronto una pequeña muchedumbre estaba reunida a la puerta. Tal era el bullicio, que al pasar la gente por la calle pensaban que dentro estaban riñendo y llamaban a los alguaciles; mas era la explosión de La Roca. Por esto, el informe acerca de ellos se extendió inmediatamente en toda dirección de Burgoham.

Sucedió un día, que uno de ellos no asistió, por lo que pidieron entonces a Rigo suplirle. Y en cuanto hicieron el primero salmo conjuntamente, se sintieron muy confortables y por primera vez concibieron que estaban completos; pero aún no llegaba su día. Una vez concluida su jornada, ya quedando poca gente, se sentaron los cuatro a una de

las mesas, muy regocijados por cuanto habían hecho. Y mientras brindaban, distraídos de la maquina de monedas se puso un salmo que decía así:

1. *Tomaré mi amor desde lejos*
2. *Debo admitir que tiene una banda de Roca. Y estuvo soplando como huracán*
3. *Tiene que ser con Roca si quieres danzar a mí.*[41]

De ahí, fue noticia que la mayor hostería de todo el pueblo abriría sus puertas, y por esto hubo gran algarabía. Su dueño, que conocía de las cosas que estos estaban haciendo, les mandó llamar y les ofreció el doble del sueldo, sabiendo que su Casa se atestaría. Aceptaron ellos de inmediato y nuevamente deleitaron a cuantos iban a verles, y se extendió nuevamente su fama por toda la Comarca de Burgoham.

Pero el primer posadero llenó de envidia su corazón; porque al marcharse, su mesón se quedó vacío. Así, fue y denunció a Yorch ante la autoridad, pues no tenía edad suficiente ante la ley[42]. Llegaron entonces los gendarmes y tomando a Yorch le instaron a marcharse de la nación. Fastidiados Pol y Stu, regresaron

41 "Rock & Roll Music"
42 En ese tiempo, después de la hora décima no era lícito a menores siquiera andar por las calles.

al dormitorio que este hombre les había dispensado y tomando una vela tiznaron el techo escribiendo: "Los Beatos estuvieron aquí" y prendieron fuego a unas cortinas. Cuando la patrulla indagó y vio la inscripción en las paredes, fueron por ellos y diligentemente les llevaron a prisión y luego los deportaron. Al verse solo Jonás en Burgoham, regresó también a los días.

3 AL LLEGAR Pol a su casa, su padre pensó que había enfermado, pues estaba escuálido. A los días le dijo: "Hijo, debéis buscar oficio" Pol le contestó: "Tengo uno, pertenezco a una banda" mas su padre le reconvino severamente: "No vuelvas sin uno de verdad"; así, con desgano aceptó la primer labor que le ofrecieron. Mientras, Yorch también apesadumbrado se incorporó a los menesteres de su padre. Mientras, contristado y apenado profundamente con su madre, entró Jonás en su habitación y por días a nada salió. Tan aturdidos estaban, que por un mes no se procuraron.

Pero un día, ya cerca de cumplir veintiún años, caminando Jonás por la ribera del río Seymer, vio a Yorch y le dice: "Toma (otra vez) tu lira y sígueme" y él al punto le siguió. Luego de ahí se dirigieron a con Pol; mas él, recordando las advertencias de su padre, se

rehusó. Sin embargo, como bien sabía lo que era de suyo, de aquel día la fecha no volvieron a verle por ahí. Y así, se marcharon a un mesón de Púliver.

Entre tanto, un joven escribano, prosélito de grupos recién surgidos en Púliver, había publicado extenso sobre las cosas gozosas realizadas por Los Beatos en Burgoham; de modo que muchos esperaban ya por verles. Y llegada esa noche, él mismo los presentó ante la audiencia: "Directamente de Burgoham, heles aquí, Los Beatos" y entonces, ¡Ve! que al salir a la vista de los presentes, apenas si pudieron creer lo que veían. El aspecto de su cara cambió y su ropa se volvió brillante y muy negra, tanto que ningún carbonero en el mundo pudo haber dejado tan negra; y su cabello era largo y alisado; y lo que escucharon de ellos, nunca nadie en el Reino había escuchado jamás. Tan asombrados quedaron, que los mismos de su tierra, no les reconocían y dándolos por extranjeros les dijeron: "Para ser extranjeros habláis muy bien nuestra lengua". Luego que se supo que no eran de Burgoham sino de Púliver, se sorprendieron mucho y no terminaban de dar fe sobre ellos: "¿Pero en verdad son este y este otro, hijos de estos sus padres que conocemos? ¿Sí estuvo aquel con nosotros en los grados?" Así, volvieron Los Beatos a su tierra, en gran poder. Y la noticia del suceso se divulgó por toda Púliver.

De ahí, les convidaron a presentarse en una vieja cava de vinos que recién se había puesto en boga; de piedra y ladrillo, dieciocho escalones[43] por debajo de la calle. Obscura de paredes resbaladizas de sudor y oliente a humedad donde muchos jóvenes solían asistir a horas del almuerzo y tardes. La Caverna, le llamaban. Fueron pues muy animosos, pero apenas hicieron el primer número, se acercó uno de los sirvientes y les dijo: "Parad ese ruido, esto es un club de Yaz". A lo que entonces pretendiendo rectificar, se volvieron nuevamente a los presentes y dijeron: "haremos ahora: 'La flaca Sally'" comenzando a modo de Yaz, pero de súbito que pasan fuertemente a Roca; hasta que les echaron a patadas de ahí.

De ahí un poco más adelante, fue noticia que por las obras que habían hecho en Burgoham, los de ahí deseaban su regreso; a lo que entonces ellos se regodearon mucho sabiendo que más gente daría testimonio a su favor, y enseguida se pusieron de regreso. Era necesario era que esto ocurriera porque hasta que sus propios coterráneos no vieran cosas como estas suceder, no les dispensarían autoridad.

Así apenas llegaron, el segundo posadero les recibió afablemente pagándoles aún más; correspondiendo ellos arrojando Roca en grandes decibelios a diestra y siniestra. Mucha gente se acercaba a ellos y les confesaba: "No por lo que sobre ustedes nos dijeron (creemos), sino que por lo que nosotros mismos vemos". Un día, fue a verlos un productor de platos que había logrado un primero en La Unión. Al día siguiente volvió y les ofreció hacerles un plato acompañados del cantante con el que había triunfado; aceptando ellos de muy buena gana. Luego de esto, regresaron nuevamente a su patria, al lado opuesto del mar y sucedió que desde Hermania una muchedumbre comenzó a seguirles; porque contemplaron las señales que habían ejecutado en los que estaban apesadumbrados.

Mientras en La Caverna, el Yaz pasó, y dio lugar a La Roca. Así que al regresar, les convidaron nuevamente, y por entonces, desde horas de la mañana hasta caída la tarde, cuantas gentes entraban, salían saciadas de espíritu. Este fue el principio de los tiempos de Los Beatos.

43 =9

4 AHORA, había en Púliver una tienda propiedad de un hombre refinado, de mediana edad, de nombre Brandon. Brandon tenía por orgullo poseer al menos un plato de cada uno disponible. Pero vino un día oportuno, que un muchacho fue a su tienda y solicitó el de Los Beatos; mas Brandon siquiera había oído hablar de ninguno de ellos[44], y al otro día dos muchachas hicieron lo mismo. Y mucho se sorprendió al saber que estos tales se presentaban de continuo en La Caverna que quedaba como a tres estadios de su tienda[45]. Esa noche decidió ir.

De elegantes vestiduras según su costumbre, entró Brandon al lugar y no quiso pasar a las primeras filas sino que se quedó detrás. Mas al advertir su presencia el presentador, se dirigió a los que estaban y dijo a voz: "El señor Brandon de los almacenes, se encuentra entre nosotros" Y al escuchar Los Beatos al fondo, se dijeron: "¡Oh! grande" y salieron otra vez aún más esmerados. Y entonces, que en medio de aquel obscuro y humeante tinglado, algo tremendo le sobrevino y entonces tuvo una visión maravillosa.

Acabando ellos, pidió verles, y luego de conocerlos, sus gracejadas le impresionaron aún más y he entonces que se ofreció a ministrarles y a que les presentaría ante las Casas de Dreslón. No teniendo ellos a donde más ir, aceptaron de inmediato. Esto sucedió al mes once del veintidós de la nueva era, un día nueve.

Así, a la mañana siguiente los citó a su casa. Una vez ahí, se puso a instruirles severamente: "...y si yo he de ministrarles, tendréis que dejar el cuero y vestiréis con propiedad. Recortaréis vuestra cabellera y ante la gente no diréis más maldiciones, y tampoco haréis más esto ni esto otro". Por esto, se suscitó discrepancia entre ellos: que si era conveniente o que si traición para con los seguidores. En ese momento sintió Jonás como si se estuvieran vendiendo. Mas fueron prudentes y entonces transigieron a Brandon, pero ocultamente se dijeron: "Pero ya veréis..."

5 PASADOS unos días, les llamó Brandon jubiloso y les dijo: "Les escucharán en una Casa de Dreslón, preparad algo"; el nombre de esta Casa era Secca. Así, regocijados se pusieron a hacer una cinta, y una vez terminada partió Brandon a Dreslón, y convocando a los Directores la puso. Al acabar entraron en consejo, y saliendo uno

---

44 Dicen que no es creíble, pero igual ya es verdad.
45 1 Estadio, 10 cadenas, 40 varas = 200 mt.

de ellos le informó: "Los grupos de Roca están en camino de salida, Señor Brandon". Y entonces, que profundamente contrariado por cuanto había oído, les profetizó: "¡Insensatos! En verdad os digo que no está lejano el día en que estos que hoy han desechado, llegarán a ser más grandes que Visél", y se mofaron de él. En esto volviéndose a cumplir otra escritura[46]. Les oyeron mas no escucharon, vieron pero no observaron; este día despreciaron el sonido que estaba presto por resonar por los confines de la tierra. Y una vez que ascendieron, no hubo en esa Casa sino amargo llanto y se lamentaron por muchos años; mucho escarnio y mofa se vertió sobre ellos.

Sin afligirse demasiado, salió de ahí y anduvo a pié por Dreslón y tocó como veinte puertas. Pasados tres días, regresó a Púliver pero en su rostro no había expresión. Sin embargo, había dejado una copia en una Casa donde moraba un hombre conocido de excéntrico que trataba con grupos menores, su nombre era Nitrám. Nitrám pasaba los días encerrado en el Camino a La Abadía. Así pues, les oyó y le agradaron[47]. Así, el día sexto del

sexto del vigésimo segundo, Los Beatos entraron a La Abadía.

Ese día, les tuvo Nitrám contemplándoles por junto y separados. Una vez concluido, dijo lánguido a Brandon: "Sin duda algo manifiestan, mas uno entre ellos no me parece apropiado. Si he de tenerles, le reemplazaré". Se pusieron pues a buscar por uno que le sustituyera; debía ser el más virtuoso en todo Púliver, y de inmediato recordaron a Rigo. Así, llamó Brándon a su casa y le dijo: "¿Queréis unirte a nosotros?" a lo que sin pensar Rigo le respondió: "¡Seguro! ¿Cuándo?" "Mañana". Pero en ese tiempo Rigo estaba comprometido con otro grupo[48], por lo que le resolvió: "Estaré con vosotros el séptimo día"[49].

Luego que llegó el día, se dirigió Rigo a Dreslón a La Abadía, a donde estaban los otros. Llamó a la puerta y salió Nitrám, saludó Rigo tímidamente y pidió pasar, mas Nitrám no le conocía, por lo que extrañado le respondió: "Estamos todos los que somos y por cierto no nos han presentado, muchas gracias". Pero ya desde entonces, Nitrám se ha justificado severas veces con Rigo.

---

46 "La Roca que desecharon, llegará a ser la angular"
47 No, que no le gustaron mucho, pero igual escribió a Brandon a que les llevase ante él.
48 De hecho con tres. En la Caverna él era el único que pasaba la tarde sin moverse del banquillo; solo cambiaba de chaqueta.
49 Sábado.

Así pues, Nitrám les pidió le mostraran algo y ellos le recitaron un sencillo llamado: Adórame.

1. *Amor, adórame, sabes que yo te amo, siempre seme fiel, así que por favor, adórame*
2. *Alguien a quién amar, alguien nuevo; alguien a quién amar, alguien como yo*
3. *Amor, adórame, sabes que yo te amo, siempre seme fiel, así que por favor, adórame.*

Regresaron Los Beatos a La Caverna, y su fama se difundió más porque en ese tiempo a nadie le hacían un plato en Dreslón. Y la gente que asistía, salía de ahí cada vez más regocijada.

[50]Y sucedió que entonces, todo pariente, amigo y conocido, se puso a llamar, pidiendo el salmo este, como si fuera muy popular. Y resultó entonces, que por primera vez muchos comenzaron a oír y saber de ellos; así en Púliver como en Dreslón. La tienda de Brandon se abarrotó de muchachas pidiendo el plato de Los Beatos; mientras él lleno contento iba y venía por su tienda: "¿Puede haber algo más grande que esto?"

6 NOTANDO Nitrám que la muchedumbre había venido a ellos, les dijo: "Habéis hecho bien ¿tenéis más?" a lo que le mostraron uno de Jonás, que se llamaba "Por favor, ríndeme". Porque en esos días estaba Jonás intrigado con el doble uso de la palabra "ríndeme". Pero escuchándola Nitrám, les dijo: "Dejadla para luego" y les puso a aprender un salmo ajeno[51].

Regresando Jonás a su casa, volvió sobre este salmo y lo corrigió, y de regreso a La Abadía lo presentó nuevamente a Nitrám, mas no terminaba de agradarle. Pero viendo que porfiaban, tomó el salmo para sí y aceleró su tiempo, lo cual dejó a ellos admirados; y así de este modo la grabaron. Y entonces, una vez que hubieron terminado y la ultima nota se desvaneció en el aire, Nitrám atónito por cuanto había escuchado, les dijo: "En verdad que hoy mismo habéis grabado vuestro primer primero". Y de ahí en adelante, virtud sobre virtud.

Se dispusieron pues en una caravana junto con otros que hoy son también célebres, presentándose en salones y teatros y recorriendo ciudades y aldeas de la comarca de Púliver, enseñando. Así, Los Beatos comenzaron a divulgar sus salmos y La Roca

---

50 Ya quedamos que ese tiempo no se radiaba Roca en el Reino, y solo la podían oír por radio-Lux.

51 Porque en ese tiempo se tenía por usanza que unos escribían, otros musicaban y otros más entonaban. Pero ellos lo hacían todo.

en tabernas, luego a concursos de talento, luego a clubes de obreros, y a los pocos días, en salas de baile en condados del norte; en ocasiones asistiendo hasta dos mil, de modo que muchos en un día les conocían[52].

Y luego, al ver la caravana en las aldeas, muchas vírgenes y mancebos corrían tras ellos, pues solo de escucharles eran infundidos del espíritu pues a todo muchacho traían las buenas nuevas. De este modo, muchas muchachas y mancebos, iban a los bailes más bien solo por oír a estos. A partir de esta hora, Los Beatos fueron pasados delante como los principales en los panfletos. Más se difundió su fama por toda provincia alrededor.

7 NOTANDO OTRA VEZ Nitrám que la gente se juntaba en masa y que no venían sino a oír a ellos, los puso en peregrinación ahora por su parte. Y aldea tras aldea y ciudad tras ciudad, un solo día no se detuvieron, declarando las buenas nuevas, enseñando en los teatros y sanando toda pesadumbre del pueblo.

A cada lugar que llegaban, la carroza desviaba las miradas pues estaba pintarrajeado de muchas dedicaciones de amor que las muchachas les escribían. Y a la mañana siguiente que salían para irse, la gente les buscaba, y llegando a donde estaban, les detenían para que no se fueran de sus contornos[53]. Mas era necesario que también fueran a otras ciudades a anunciar las buenas nuevas, pues para esto habían salido. Y a donde iban, iban también muchachas y muchachos que habían sido curados de pesadumbre.

En una misma jornada se les veía aquí y luego allá, y en muchos otros lugares. No hacían ninguna parada, e iban a una ciudad y a otra, pero en ese tiempo no predicaban en las ciudades ricas, sino a las afueras: Púliver, Forbrad, Casterdon, Fordbed, Dansunder, Minhambir, Fordox, Chesterman, Kroy, Hamnotting, Tolbris, Bridgecam, Bleywem, Dslee, Deedun, Gowglas, Blindu, Colnlin; y no había forma de parar su carruaje. Eran como palomas que debían entregar su mensaje, anunciando las buenas nuevas y sanando por todas partes. Y lo que se decía de ellos, se propagó ahora por Dreslón y por toda la región circunvecina.

---

52 También aldeas donde solo cinco personas asistían, de modo que el séquito era más numeroso; no obstante, salían hasta dos veces y la gente también se quedaba. Pero al poco tiempo volvieron y ya había como quinientos.

53 Les deshinchaban las ruedas y hasta les forzaban las cerraduras para hurtarles cosas.

Y no pasó otra semana cuando entonces se supo que "Ríndeme" llegaba a ser el salmo primordial en el Reino[54]. Ese mismo día, fueron llamados a toda prisa a La Abadía a que grabasen un plato largo. Nunca se había hecho uno para la música de los populares, deja tú para uno de Roca[55].

Otro día, de noche tras la puesta del sol, llegó a La Taberna uno de sus primeros prosélitos, con un tabloide bajo el brazo, y en su mirada aflicción; y entonces pasando al frente de la gente que estaba, leyó: "Los Beatos acaban de alcanzar el Primero en el Reino" y al oír esto, todos se alegraron dando voces de júbilo. Sin embargo, las primeras seguidoras, que solían estar en las filas del frente se quedaron mirando y no querían creer que era verdad; se contristaron mucho y comenzaron a llorar; pues en ese momento comprendieron que Los Beatos no les pertenecerían más.

Al día siguiente, se anunció que regresaban a Púliver, a La Taberna; y al saberse, se juntó gente de tal manera que en un rato ya no cabían ni aún en la puerta, tantos que obstruían el paso en la calle. Llegaron los gendarmes a ver qué sucedía y les exhortaban al orden, mas no les era posible. Y mucho se sorprendieron al saber que todo era por causa de Los Beatos, pues desde la infancia les conocían.

8 MIENTRAS todo esto sucedía en el Reino, el Imperio vino a gran tribulación y altercados; tiempo de obscuridad y segregación[56]. Nuevamente en guerra, una fría y añeja, y otra caliente y nueva, y otra interna[57]. Marchas en protesta, demostraciones públicas de ira; patrullas blancas liándose contra ciudadanos de color. Luchaban

---

54 Pues en ese tiempo en el Reino, lo que había eran grupos singularmente marchosos, por eso desde un principio ellos fueron famosos. Y de esa posición no se movería hasta tres meses, solo desplazado por otro de ellos mismos.

55 En ese tiempo los platos largos eran solo reservados para Clásicos o cosas serias y cuando más, contenían media docena de salmos. Mas ellos quisieron dejar catorce, pues querían dar a la gente lo más por su dinero. Lo hicieron en doce horas.

56 En este año se votó la ley anti-raza, pero no hizo sino elevar la tensión. Estudiantes del norte se fueron hasta el sur a inscribir a los nativos a votar. A algunos de esos, los CuCos los secuestraron y hasta homicidio. Mismos Presbíteros (del Sur) arengaban a sus comunidades en contra de estos estudiantes. Y pese a que el Sumo Gobernador (en ese tiempo Kenn) mandaba al Senado a que fuera lícito el voto de los morenos, aquellos se negaban, pues sus mecenas les amenazaban con retirarles su favor.

57 Mantenían al pueblo en estado de temor. En las escuelas adiestraban a los niños a esconderse debajo de sus pupitres, preparados para el exterminio Rojo.

estos por el derecho a ser tratados como iguales; por su conciencia muchos llevados a prisión[58].

[59]A la vera de un camino, un hombre de nombre Landy, entonaba este salmo:

1. *¿Cuántos caminos debe un hombre andar, antes que hombre le puedan llamar?*
2. *¿Cuánto más las bayonetas alzarán, antes de hacerlas por siempre callar?*
3. Luego decía:
4. *¿Cuánto deben algunos vivir, antes de tener libertad. Cuántas veces la vista se puede voltear, pretendiendo que no ve?*
5. *¿Cuántas veces se debe la vista alzar, antes que el cielo mirar. Cuánto más debe uno escuchar, antes que a gente llorar. Cuántas muertes más tomará, antes de notar que muchos han muerto?*

Y declaraba:

6. *La respuesta mi buen, te fluye en la sien; te fluye por toda la sien* [60].

---

58 Aún torciendo sus propios estamentos, exhortaban a los detenidos a delatar a otros. Que probaran que eran patriotas.
59 Pero también en ese tiempo, emergieron predicadores jóvenes que llevaron las causas de justicia. Y por primera vez en la historia, fueron abiertamente en contra de sus Padres (Gobierno).

---

60 Está en la gente, todos, cada uno.

Capítulo 23

VIENDO los escribanos estos hechos suceder, se acercaron a ellos y les preguntaron: "¿Cuánto más estaréis entre nosotros?" Yorch les dijo: "No podemos deciros aún, pues así conviene ahora, pero ya en la cima o en los llanos estaremos todavía un tiempo más", Jonás les confortó: "No dejéis que ello sea causa de inquietud, regocíjense mientras estemos entre vosotros. Sería una suerte si duramos tres meses pero luego pienso que estaremos diez años". Pol les dijo: "De seguro os digo que verán venir salmos y pronto nuestra palabra será excelsa" y Rigo concluyó: "Muchedumbres vendrán a nuestras casas, de modo que solo podremos entrar o salir hasta bien entrada la noche". Y así, una luz se vio ascender primero por Púliver, luego arribar por Dreslón, de ahí se dispersó por todo el Reino hasta resplandecer por Nuevo-Imperio con gran gloria; y de ahí para todos los confines del universo[61].

Y ¡Mira! Tal como Rigo había dicho, una parvada de vírgenes venidas de todas las colonias de Púliver llegó a casa de cada uno y desde la calle les aclamaban pidiéndoles salieran; se colgaban de las puertas y los barandales de las ventanas; y sólo vieran a uno pasar dentro, estallaban en chillidos. Y al salir, se arrojaban a ellos apiñándose como enjambre; les tiraban de la ropa, se les abalanzaban como si quisieran derribarles, y solo de tocarles eran felices. Tanto que era, debían salir ellos ocultamente por las escaleras posteriores.

A toda prisa fue puesta la primer compilación, con la cual Los Beatos comenzaron su ministerio, diciendo Pol así:

1. *Uno, dos, tres, cuatro*
2. *Bueno, ella tenía diecisiete, sabes que quiero decir. Y lo que en mí vio, fue mas allá de precedente*
3. *¿Cómo podría bailar con otra? Cuando la vi a ella allá*
4. *¡Oh! danzamos la noche, y nos estrechamos, y antes de mucho nos enamoramos*
5. *Así que ¿Cómo bailar con otra? Cuando la vi a ella allá.*

Luego Jonás decía:

---

61 Brándon los llevaría de las barras a salones de baile, a los teatros, a las arenas hasta llegar a los estadios. De cincuenta a quinientos, de quinientos a dos mil, cinco mil y a más de cincuenta mil; 200 mil en tierras Filipas. Primer *masivo* (involuntario) de la historia.

1. Hay un lugar donde puedo ir hoy, cuando solo estoy, cuando triste; y ahí no hay tiempo cuando estoy solo
2. Pienso en ti, lo que dices de mí, ronda mi mente. Ahí no hay pena ni triste mañana
3. Hay un lugar donde solo puedo ir yo, cuando solo estoy, cuando triste estoy.
4. Hay un lugar, hay un lugar.

Cuando terminó de entonar esto, volviéndose Brandon y Nitrám se preguntaron: "¿Pues a dónde piensa ir éste?, que dice: 'solo yo puedo ir'"

Cuando estos salmos fueron puestos al mercado, el efecto fue que las muchedumbres quedaron atónitas por su modo de decir; porque tenían autoridad sobre La Roca y no como los otros. Porque lo que había en ese tiempo en el Reino eran canciones singularmente marchosas, es por eso desde un principio ellos fueron populares.

Por esos días estando en peregrinación, escucharon otra vez de Sonorbi un nuevo salmo que les dejó admirados de armonía. Así, a la mañana siguiente lo tomaron para sí e hicieron uno similar, y tanto gustaría al pueblo que entonces "Ríndeme" fue desplazado. Ahí permaneció un mes, hasta que fue a su vez reemplazado solo por otro de ellos. Decía así:

1. Sé que algo quieres, sé que algo podemos hacer
2. Solo invoca a mi y estaré ahí, con amor de mi para ti
3. Mis brazos serán largos y a mi lado te tendrán; mi voz, como un beso te satisfará. Uhuhuu.

Y sólo porque aullaban: "Uhuhuu" todas las muchachas se inundaban de gozo.

4. Solo invoca a mí y estaré ahí, con amor, de mí para ti, para ti, para ti.

El sonido de Los Beatos confundía a los críticos y escandalizaba a los doctos. Sobre ellos se decía una cosa y otra, y los escribas se revolvían mucho pues no sabían qué testimonio dar sobre estos tales. En ese tiempo, ser prosélito de ellos era significado de intransigencia. Solo por el largo del cabello, ninguno viejo o nuevo salía de asombro. No creerás que en ese tiempo, solo llevar el Beato-pelo, era significado de desafío al sistema de cosas. Porque la forma de Los Beatos de llevar el pelo les era una afrenta, porque simbolizaba libertad y desinterés por vivir el mundo adulto, porque no atendía preocupaciones de clase distinción o estado.[62]

---

62 Pero pasados los años se integró a la corriente principal y hoy ya casi no significa nada.

2 PERO SU FUERZA FUE MAYOR por lo que la antena mayor de Dreslón[63], por primera vez radió su canto por el Reino; y cuando estaban ya por pasarlos, Brandon les llamó: "Hoy a esta hora les pasarán" y al momento detuvieron el coche donde iban y dejaron lo que estaban haciendo. Y una vez que pusieron este salmo al aire, se maravillaron oyéndose a sí mismos. Pusieron este salmo al aire y gente de todas partes de la Isla les escuchó. Y ellos se celebraron de continuo.

Viendo los escribas estas cosas suceder, fueron otra vez a ellos y les preguntaron: "Decidnos en verdad: ¿cuánto más estaréis entre nosotros?" Y como ya antes les habían preguntado lo mismo, respondieron entonando este salmo:

1. *No falta mucho, no falta mucho, no falta mucho para que yo pertenezca a ti*
2. *Cada noche todos en diversión, me hallo solo yo en mi sillón*
3. *Desde que me dejaste, solo estoy; pero ahora vienes, has venido hoy. Seré bueno como solo yo. Viniste hoy, has venido hoy*

4. *No falta mucho, no falta mucho, no falta mucho para que yo pertenezca a ti.*[64]

Y al oírles decir esto, comprendieron que habían hablado con verdad y no les preguntaron más.

Entre tanto, La Abadía les estipuló que tendrían una (buena) nueva cada tres meses; así que entre apariciones y una cosa y otra, la demanda sobre ellos se volvió tremenda; y solo les quedaba para escribir ya estando por dormirse. Así, luego se supo que habían hecho otra que se llamaba: "Ella te ama" y entonces, mira, que sin siquiera nadie haberla oído, quinientos millares de platos se pidieron por avance[65]. Al saber esto los escribanos, llenos de asombro informaron al pueblo: "A como van las cosas, pronto se cumplirá la profecía de Brandon: 'Un día Los Beatos serán más grandes que Visél'".

Para su presentación, fue dispuesto el Teatro de La Reina. Y una vez caído el sol, tanta gente llegó que Los Beatos no pudieron entrar sino trepando por las azoteas. Cuatro mil quedaron en la calle; pero aun afuera no se fueron a sus casas.

---

63 CBB.

64 Otra: *No perteneceré, no perteneceré; si no pertenezco en ti.*
65 Hasta entonces hazaña solo poseída por Elvis. Y cuando salió en las tiendas, nunca antes nada en el Reino se vendió a tal velocidad.

Y una vez que el pueblo oyó este nuevo salmo, el efecto fue que la gente comenzó a desbordarse.

De ellos salían poderosas emanaciones (de sonido) que dejaban pasmados a cuantas y cuantos se acercaban a oírles. Una fuerza misteriosa se apoderaba de las muchachas y quedaban conmocionadas. Estando sentadas, apenas si podían contenerse, y solo ellos agitaran la cabellera, salían ellas de sus asientos y ninguna ya permanecía sentada, se jalaban del cabello y gritaban a tal modo que quedaban enronquecidas[66]. Y el número de prosélitos se multiplicaba grandemente, y todo el pueblo madrugaba para ir a donde ellos y escucharles en los anfiteatros.

Siguiendo de ahí, se conoció que se presentarían en otra ciudad, y en cuanto los habitantes supieron, salieron corriendo de sus casas, viniendo en grandes conjuntos, abalanzándose contra el portal del teatro; a tal tumulto que más de cien muchachas debieron ser atendidas por los doctores (apostados expresamente). Salían regodeadas por tener un billete y los ondeaban al aire, mientras los muchachos mercaban ahí mismo sus Beato-Botas.

3 OTRO DÍA, al presentarse en otro teatro, otra vez hubo una muchedumbre grande que venía, de modo que muchos no pudieron entrar. Al observar esto, se compadecieron de esta gente; porque habían venido de la región rural y las aldeas de alrededor, y ya tres días hacía que esperaban por verles. Así que llamaron a Brandon y le dijeron: "A estos no se les ha dado nada que escuchar, si los enviamos de regreso, desfallecerán de tristeza" mas Brandon, sabiendo que su tiempo era limitado, les dijo: "¿Pero cómo podréis saciarles a todos?". Arreglaron pues, una segunda aparición; entonces mandaron a la multitud entrar y que se reclinasen sentados en filas, de modo que todos se sentaron y se contaron hasta en mil quinientos. Y saliendo ellos nuevamente (les) dieron gracias y partieron su tiempo en un número de siete salmos, predicando ante el numeroso concurso; y en verdad te digo que tan satisfechos quedaron estos como los que habían entrado primero. Así aquel día se añadieron como tres mil[67].

Luego otra ocasión, hallaron una gran muchedumbre que llevando cobijas y almohadas se resolvió a permanecer día y noche enfilados afuera del teatro, esperando que

---

66 Escenas de chicas llorando y gritando, eran tópicos de debate en los tabloides.

67 Pero dieron la mano como a diez mil. Porque volvían a formarse.

abriera. Otra vez los doctores fueron despachados, pues muchos llevaban ya dos días ahí; de tantos que eran, hacían fila como de cinco estadios de largo. Y una vez que abrieron las ventanas, apenas pasó una hora, no quedó un billete libre (para una aparición que sería dentro de un mes). Pero sucedió esta vez, que los que no habían alcanzado, cayeron en desesperación; y por hacerse de un billete los arrebataban de las manos a las muchachas y se liaban a golpes con los muchachos. Al ver esto, unos escribanos publicaron: "La causa de Los Beatos inculca la histeria igual como en tiempos de Híster"

En otra aldea, tantos se juntaron que no los dejaban pasar al estrado, por lo que entonces, dos de los asistentes, comenzaron a apartar a la gente del medio, empujándolos para que Los Beatos pasaran. Pero al ver esto, ellos les reprendieron y dejaron que los jóvenes se acercaran a ellos; porque su gloria a ellos era debida, y quien no recibía La Roca como estos la recibían, tenía por negado su reino.

Tanta dificultad se estaba convirtiendo llevarles y traerles, que en otra ocasión les disfrazaron como alguaciles, con gorras e insignias oficiales, y les montaron en una carroza de La Guardia Imperial; mientras ellos muy divertidos entraron al Coliseo burlando a la muchedumbre[68]. De pronto todo comenzó a venirles en demasía[69].

Como antes Visél, el llamado de Los Beatos conquistaba a los jóvenes y las vírgenes caían como en encantamiento, en estado de abandono. Una fuerza grande se apoderaba de todas ellas. En los teatros poco se dejaba a la escucha sino gritos. Y solo de escuchar la palabra: "Beatos" las muchachas daban chillidos o suspiraban de felicidad. Se inundaban de espíritu y quedaban embelesadas, y en seguida estaban fuera de sí con gran éxtasis. Se sacudían frenéticamente sobre los asientos y se convulsionaban[70].

---

68 De haber sido otros, les habría arrestado por profanación a los símbolos del Reino, pero ya para entonces toda complacencia les era dispensada.

69 Otro día, una casa de antenas organizó un sorteo entre las muchachas donde la ganadora departiría una cena con Pol. Esa noche, una horda de doncellas llegaron a las puertas del mesón y se apiñaron contra los ventanales; y hasta lloraban de imaginarse estar ellas cenando con él. Mientras duró, la calle fue obstruida al paso.

70 Se desgañitaban, se jalaban el cabello, manoteaban, lloraban hasta escurrir su maquillaje e incluso muchas, contrayéndose del vientre les venían espasmos. Dejaban los sillones humedecidos y los lavadores se quejaban por ello. Que hasta fue

[71]Tanto iba creciendo su gloria, que un día decenas de jovencitas se resolvieron unánimes a pernoctar a los pórticos de las casas de cada uno de ellos; y a sus puertas, día y noche les cantaban en alabanza sus mismos salmos; y su alborozo era grande, de modo que no dejaban dormir al vecindario. Debido a esto que pasaba, ya no podían estar en sus casas; por lo que (con todo un séquito) partieron a residir a la ciudad de Dreslón.

La misma muchacha antes, volvió a decir: "Sí, dejad que todo el reino les disfrute, pero pertenecen a la caverna, pertenecen a Púliver". Al oír esto Rigo, se contristó por estas jovencitas y dijo: "No podemos quedarnos, debemos ir a Dreslón y a otras ciudades tenemos que anunciar las buenas nuevas, porque con este propósito hemos salido"

---

por un tiempo olor característico de los teatros de madera.

71 Por su parte, las patrullas eran exigidas a duplicar su jornada, pues no había quien les supliera, y por ello se fastidiaban mucho. Por lo que un día uno de los Centuriones advirtió que no seguirían soportando el alto dispendio que hacía menester sólo para mantener el orden (o cuanto podían) en las apariciones de estos. Un Ministro apoyó esta moción ante los Comunes; pero su iniciativa fue rechazada. El tributo que entraba a las arcas por su causa, bien pagaba un regimiento.

4 VINIERON PUES Los Beatos a establecerse a Dreslón. De día no se les veía mucho, pero de noche sabían salir de continuo a los bailes. No parecía que pertenecieran a una familia sino solo a ellos mismos. Se juntaban con otros de La Roca y paseaban en sus carros por la ciudad. Eran como reyes y recorrían todo Dreslón enseñando en sus teatros las buenas nuevas del Reino.

Uno de esos días, les convidaron a escuchar a un grupo que se estaban presentando en una taberna de Dreslón, el cual estaba causando sensación. Llevaban el pelo más largo que ellos mismos y también se desgañitaban en el estrado, como ellos en Burgoham; y su letanía fue agradable a sus oídos. Al día siguiente, llamó Yorch a los de Casa Secca y les recomendó prestar atención a estos: "No sea que os vuelva a ocurrir". Estos se hacían llamar Los Roca Rodantes.

Otro día, andando Pol y Jonás por la calle pasaron en eso Los Rodantes en una carroza; se detuvieron a ellos y les preguntaron: "¿tendréis algún salmo para nosotros? A lo que asintiendo se dirigieron a La Abadía. Y entonces, sacaron uno que tenían por salir; pero aún no terminaban. Mas les pidieron que no se fueran, que se quedasen. Y entonces, yéndose a un rincón

Jonás y Pol, en menos de un tercio de una hora, regresaron trayendo el salmo de principio a fin. Al ver esto Ckim, exclamó a los suyos: "¡Mira! Que lo han hecho justo ante nuestros ojos" y otro: "grande es su inspiración"[72].

5 DE REGRESO a Púliver, llegó Rigo a su casa y encontró a su madre en la sala de la entrada, tomando el té con una mujer amiga suya, entendida en las artes de la adivinación. Y ¡Ve! Que justo cuando Rigo entró, un soplido de viento fuerte vino por sobre toda la casa y en ese momento la mujer tuvo una visión, y tomándose el rostro con las manos profetizó: "Hijo: tu nombre será visto (en Paladio) en letras de fulgor" "Sí, seguro" él le contestó.

Aún todas las multitudes que les aclamaban, aún las apariciones donde las entradas se agotaban apenas dispuestas, los escribanos de Dreslón no terminaban de dar fe, y seguían refiriéndoles como: "Cabezas de trapeador" "Aturdidores". Y se decían entre ellos: "Nadie que sea respetable (sino gente bufona) ha salido de Púliver, cierto?"[73]. Sabía Brandon

que no darían fe hasta no ver cosas grandes sucederles.

El Paladio era un recinto fastuoso solo destinado a virtuosos y eruditos; cualquiera que se presentase ahí, era conocido por todo el Reino. Pero en ese tiempo, no toleraban siquiera entrar quien llevara vestiduras de cuero u hombre con pelo largo, deja un concierto de Roca. No obstante, Brandon fue hasta los concesionarios del resguardo y pidió por Los Beatos. Y como antes los de Secca, se mofaron de él, pues en ese tiempo no había cosa más grande que el Paladio; y no quisieron saber de las cosas concernientes a Los Beatos. Se volvió Brandon de ellos y se marchó de ahí sabiendo que pronto su poder les forzaría a reconvenir. Y en efecto que así mismo fue.

Para entonces, tenían una amplia audiencia y su prédica era muy popular. En ese tiempo se les escuchaba mucho decir este salmo:

1. *Espera, espera un poco. Mira si tienes carta para mí*
2. *Debe haber algunas letras hoy. He esperado pacientemente. Muchos días me has ignorado, ni te has detenido*
3. *Así que ahora mejor espera, espérate*
4. *Solo revisa y ve una vez más si hay una carta, una carta*

---

72 Y otros que en ese tiempo también emergieron, lograron gloria tomando salmos de Pol y Jonás.
73 "Escudriñad nuestra escritura: ningún profeta ha salido de Jerusa…"

*por mí. Extiende una carta,
entre más pronto mejor.*

Y sucedió entonces que de un día para otro, costaladas de cartas venidas de todas partes llegaron al Paladio, pidiendo presentaran a Los Beatos. Tantas llegaron, que los ministradores quedaron asombrados de sobremanera y mandaron muchas disculpas a Brandon, extendiéndoles amplia invitación. "Puede haber algo más grande que esto" repetía Brandon. Tan doblegados estaban que se pactaron nuevas condiciones: Los Beatos serían el espectáculo principal y recibirían mayor parte del beneficio. La aparición se estipuló la noche del día trece del décimo del Beato-año veintitrés. Cuando amigos y parientes lo iban sabiendo, solo atinaron a decir: "¡Hostia santa! miren eso" Jonás dijo: "Seremos los primeros cantantes de clase obrera que no intentan cambiar su acento, y lo pronunciamos; por eso nos desprecian" Y Yorch: "Ahora nos exponen todos los días en los tabloides y nos ensalzan tan extenso que ya no sabemos si se refieren a nosotros mismos. La gente es tan ávida de fama, que piensa que todo quien sale en La Visión es grande".

6 ESE DÍA, casi como ya casi costumbre, hombres y mujeres jóvenes vinieron en grandes conjuntos arribando de todo Dreslón y estaban a las calles alrededor muy extasiados. Muchos no tenían billete para entrar, pero no por eso se contristaron y permanecieron afuera todo el tiempo que duró la presentación. Y cuanto salmo de adentro oían, el coro afuera era tan fuerte, que su canto se oía incluso adentro[74]. Se arremolinaban y daban chillidos incontenibles de gozo, y tal éxtasis les vino, que muchas, ahí mismo en la calle ¡Mira! comenzaron a tirarse de la ropa y caían al suelo como si tuvieran convulsiones. Al ver esto los escribanos, quedaron boquiabiertos y se dijeron entre ellos: "¡Vean! Pero si desvarío por ellos tienen", otro dijo: "Parecen maniáticos" y otro más concluyó: "¡Sí! manía (por LB) tienen". Y por eso y hasta el día de hoy, se conoce como "Beato-manía"[75].

Esa noche, quince millones los vieron por todo el Reino. Nunca antes, tanta gente vio una cosa a un mismo tiempo. La admiración por ellos aumentó en gran medida, así de muchachas como de muchachos

---

74   Y por los micrófonos, este griterío se escuchó por todo el Reino. Gritar por ellos se volvió de uso.

75   Pero hoy se aplica a cualquier agitación, y ya es poco lo que significa. Y también a partir de aquí, surgieron clubes de adoradores que se hacían llamar a sí mismos "fans". Lo cual era apócope de fanático; pero hoy ya tampoco significa.

que creyeron (en ellos). Al día siguiente, las primeras páginas de todos los tabloides, no hablaban sino de Los Beatos, así por la semana que siguió. A partir de aquel día no quedó uno solo en la Isla que no supiera quiénes eran estos y qué lo que decían[76].

Y apenas tres días después, volvió a haber mucho revuelo. Y mientras se iba sabiendo, nadie en el Reino paraba de estupor: Los Beatos habían sido convidados como principales, al Real de Variedades. "Puede haber algo más grande que esto" repetía Brandon.Y aunque sería hasta el mes siguiente, desde la hora en que se supo, los más prestigiados escribanos de Dreslón se dieron a menester perseguir a Los Beatos. Todo el viento, a toda hora del día fue bastado de reportes, vida y milagros.

A los días, partieron a una nación a los contornos del Mar del Norte, llamada Ciasue; repitiendo prodigios. Y sucedió que al regresar a Dreslón, una multitud

contada en más de cien mil, habían copado el puerto.

7 EN AQUEL MISMO MOMENTO, se encontraba ahí un famoso regente de talentos del Imperio, llamado Vánsuli el cual estaba demorado a zarpar justamente a causa del gentío. Así en este modo, supo por primera vez de Los Beatos.

El cuarto día del mes onceavo, quinientos Guardias Reales, realmente sitiaron el recinto y no se sabía a la verdad quiénes precisaban mayor resguardo, si Los Beatos o la toda la Nobleza que se había dado cita. Hordas de jóvenes enardecidos de dicha corrían por las calles y se agolpaban yendo de un lado a otro arremolinándose en las avenidas alrededor y a las puertas del lugar. Y en cuanto vieron la carroza aparecer, en verdad te digo que hasta se arrojaban a su paso.

Por primera vez los maestros se presentarían ante el pleno de la Soberanía así como a la comunidad entera de doctos y eruditos todos de lánguido aspecto, y en beneficencia, muchos habían pagado muchas monedas por asistir. Aquí la audiencia era impasible nadie salía de sus asientos y hasta la gente común aplaudía ordenadamente; de modo que todos escuchaban muy

---

76 Pero también atestaron de reseñas intrascendentes e incidentes inocuos, saturando al pueblo de Beatos, porque ello les aseguraba la venta. También fue noticia que al día siguiente, la solicitud de platos se cuadruplicó. Y también que el Ministerio de Recaudo, ágilmente dobló el gravamen de cada plato de Los Beatos vendido.

abalanzaban alrededor del coche y se apretujaban contra los cristales. Una muchedumbre obsequiosa de alabanzas. Sacaban mantas y las ponían por el paso, en unas escrito: "El Rey ha muerto, vivan Los Beatos" Y desde los edificios se asomaban a las ventanas y les lanzaban vítores desde las terrazas. Y entonces, tanto la multitud que iba delante como los que venían detrás, arreciaron su fervor y comenzaron a cantar un himno que les habían compuesto: "¡Amamos a Los Beatos, oh sí lo hacemos. Amamos a Los Beatos y verdaderas seremos: Cuando no estén más aquí, afligidas quedaremos. Oh Beatos, les amamos!" Y en ese momento quedó cumplida otra escritura[92].

Aquí salieron los sacerdotes, que altivos y severos, escandalizados sus oídos, dijeron: [93]"Decid a estos renegados que se callen, una revuelta anticipamos; esta congregación es perturbación. Decid a los que cantan su canción que están confusos, están errados; han de ser dispersados" pero la multitud seguía gritando: "¡Amamos a Los Beatos, oh sí lo hacemos. Amamos a Los Beatos y verdaderas seremos. Oh Beatos, les amamos!" Gastaban los

presbíteros su aliento culpando a la multitud, nada podía ser hecho por el griterío callar, pues aún cada lengua quieta quedara, el ruido no cesaría; La Roca y las piedras mismas empezarían a cantar. "¡Amamos a Los Beatos, oh sí lo hacemos. Amamos a Los Beatos y verdaderas seremos. Oh Beatos, les amamos!" Cantaban su canción pero no solo por ellos, cantaban para sí mismas, por su propia bendición, pues no había una entre ellas que no pudiera el reino ganar.

De tantos que eran, muchos ni lejos pudieron verles. Luego que hubieron pasado, algunas doncellas lloraban amargamente, pues se habían apostado desde el alba y los alguaciles las habían hecho retroceder; también muchos muchachos aquejados disputaban fuertemente: "Guardamos cada plato y publicación de Los Beatos y no nos dejaron siquiera arrimarnos ¿Qué clase de libertad es esta?" Los del Gobierno se extrañaron: "¿Cómo es que dicen: 'qué libertad es esta' no es acaso esta La Tierra de los Libres?"

Para entonces, se había divulgado dónde se hospedarían, de modo que al llegar, había ya como cinco mil afuera que colmaban el hostal por los cuatro costados[94]. Luego,

---

92 "Por la voz de la sangre nueva refinarás alabanza": Mt. 21:16.

93 Hosanna, Jesus Christ Super Star (JCSS)

94 Diez habitaciones entrelazadas. Nadie podía comunicarse desde

ya instalados en lo alto, en una de esas se asomaron de cara a los ventanales mirando abajo; y al verlos la muchedumbre al momento estalló en chillidos, y entonces retrocedieron abrumados y la gente calló. Y entonces al ver esto, les vino gracia y se pusieron a acercarse y alejarse de la ventana como si nada, y la multitud abajo chillaba y luego callaba, chillaba y callaba[95]. Pero ¡Ve! Que de pronto cargando con camastros, sillas y frazadas, una horda de muchachas y muchachos se resolvieron a no moverse del hostal por día y noche que durara su estancia.

2 EL DÍA NOVENO del segundo del veinticuatro, por primera toda La Unión vería vivamente a estos tales. Ese día desde la mañana, hordas enteras llegaron por todas direcciones al teatro, y en toda calle no se veía sino cientos de muchachas yendo y viniendo, corriendo y chillando, todas muy llenas de espíritu. De la cantidad que había venido, colmaban enteramente ocho cuadras a la redonda. Cincuenta mil solicitudes, para setecientos asientos[96].

afuera. Toda actividad rebasada.
95 Hasta que un Centurión llegó y los calló a ellos.
96 Que la mayoría de los admitidos fueron hijas (e hijos) de altos dignatarios, o los que más pagaron por entrar.

La hora de Los Beatos llegó. Y ya atestado el lugar, salió Vánsuli, y sin más, dijo por fin: "Damas y caballeros, con ustedes ¡Los Beatos!". Y en cuanto dijo, el recinto se volcó en un alarido. Se abrieron las cortinas y con este salmo Los Beatos entraron en toda casa del Imperio:

1. *Oh sí-ah, te digo algo, pienso comprenderás. Cuando te diga ese algo, mi mano estrecharás. Mi mano estrecharás*

2. *Y cuando te toque, dentro felicidad sentirás. Es sentimiento que esconder no podrás, no podrás, no podrás*

3. *Oye tú, captaste ese algo, comprendiste. Cuando sentiste ese algo, mi mano estrecharas, mi mano estrecharás, mi mano estrecharás.*

Y sucedió que no solo los vieron los que estaban ahí frente a ellos; sino que de norte a sur y de costa a costa, por toda La Unión y tierras de Nadáca, setenta mil veces mil, también los presenciaron. Terminado este salmo, salió otra vez Vánsuli con una carta en mano, enviada por Visél mismo, y tomándola la leyó ante la nación: "Estos que detrás de mí vienen, verdaderamente me han adelantado. Les recibo con beneplácito pues por ellos hoy La Roca se manifiesta en esto y le gustará!" Mas Jonás se volvió dejándolo ahí. Otro: "Ruego su perdón mi señor, pero quiero que sepa que en mi muy honorable opinión, no veo en ustedes más que un cuarteto de escandalosos mozalbetes de irritante decir".

Se les juntaban alrededor hasta estar a cuerpo. Y en una de esas, una mujer se acercó con sigilo a donde estaban y se fue en dirección a Rigo; y antes que nadie pudiera notarlo, de su bolso sacó unas tijeras y de repente que le corta un manojo de cabellos. Al suceder esto, sintió un poder desprendido de él, y volviéndose a la multitud les reprendió: "¡¿Quién me ha tocado?!" Pero los honorables divertidos le contestaron: "Ves que la multitud os aprieta y decís: '¿quién me ha tocado?'", pero Rigo había sentido que un poder había salido de él. Y entonces cuando la mujer vio que no había quedado oculta, se sonrió temblorosa mostrando el mechón entre sus dedos. Al ver esto, azotó su copa contra el piso y dijo a la mujer: "Mujer, tu soberbia te ha condenado". Y mientras se iban, alcanzó a decirles: "Id todos al infierno". Y tras él, salieron ellos de ahí, sacudiéndose el polvo de sus trajes[102].

Luego llegaron a los contornos de Mimaia del lado al mar Becari. Y de nuevo en cuanto se supo a cuál hostal habían entrado, muchas muchachas se reunieron a las puertas en la playa y les saludaban gritándoles como desde diez varas abajo. Escribían en la arena palabras y dibujos grandes de amor que desde arriba podían leerlas bien. Pero nuevamente llegaron los guardias ordenándoles que no le hablaran a la gente.

Para terminar su peregrinaje por la gran nación, volvieron a Nueva Kroy, coincidiendo el día del nacimiento del prócer Colnlin[103]. Y tomando esto, ahora muchachos salieron alrededor del teatro donde estarían los Beatos, vistiendo barbas, sombrero y abrigo largo, exponiendo en pancartas que llevaban asidas: "Cólnlin usaba pelo largo, cierto? ¡Libertad!"[104]. Por Nueva Kroy entraron y por ahí habrían de salir, porque así había sido dispuesto. Mientras estuvieron en el Imperio, creyeron

---

102 Pero ya entonces, el poder era tal que cuando en el Reino se conocieron de estas cosas, se suscitó gran indignación. El Embajador fue

urgido a comparecer ante Los Comunes. Y por estos hechos, le inquirieron severamente y algunos hasta pedían su destitución. Al final le exhortaron pedirles perdón públicamente. Mas ellos enviaron una carta diciendo que nada había pasado. Perdonándole.

103 Lincoln

104 Las peluqueras casi cierran. Los mayores decían que ese corte de pelo era una afrenta hacia todo Unionense decente.

muchos en su nombre al ver las señales que realizaban.

4 CUANDO REGRESARON al puerto de Dreslón, al otro lado del Océano, la gente los recibió con alegría porque todos les estaban esperando. Les recibieron como a conquistadores. Porque en verdad que solo por estos cuatro, el Imperio había sido reconquistado[105]; la más grande dominación desde su Independencia. Ahora Los Beatos ascendidos por ambos lados del mar. Tomando apenas unos días de descanso, salieron nuevamente en peregrinación por todo el Reino, y pronto les siguieron grandes muchedumbres de Púliver, Chesterman, Tolbrís y Dreslón; y del otro lado del mar, en el Imperio.[106]

Un día de esos, se acercaron a ellos unos escribanos y se pusieron a decirles: "ustedes provienen de los humildes, pero ahora podéis comprar cuanto queráis" Pol les dijo en este salmo:

1. *No compra amor, no, no. No compra amor, no, no*
2. *Gastaré diamantes y todo cuanto quieras si eso te hace feliz. Daría todo lo que tengo si dijeras que me amas. No tengo mucho pero lo daría todo*
3. *Di que no necesitas diamantes, di que te gustan esas cosas que el dinero no puede comprar*
4. *No me importa mucho el dinero, porque no compra amor. No compra amor, no.*[107]

Otro salmo también tenían en ese tiempo:

1. *Cualquier tiempo que quieras; cualquier tiempo que quieras; cualquier tiempo que quieras, todo lo que debes hacer es nombrarme y ahí estaré*
2. *Si necesitas a alguien a amar, solo mira mis ojos, apareceré para confortarte. Si triste y solo(a) estás, me compadeceré; no estés triste, llámame esta noche. Si el sol se ha desvanecido, yo lo haré brillar; nada hay que no pueda lograr*
3. *Cualquier tiempo que quieras; cualquier tiempo que quieras;*

---

105 Trayendo consigo una cantidad formidable de dinero; mucho del cual no paró hasta las arcas del Reino.

106 Para el onomástico diecinueve de Yorch, treinta mil tarjetas de felicidad recibió; tardó años en abrirlas. Venidas de muchos países, solo con que pusieran al frente: "A Los Beatos" todas les llegaban. La red oficial de clubes reporta cincuenta millones de prosélitos (2 veces el numero de populares del Reino, entonces)

107 Tu dinero perezca contigo porque has pensado que (el don de dios-amor) se obtiene con dinero: He.2

cualquier tiempo que quieras, todo lo que debes hacer es nombrarme y ahí estaré.

[108]Al el mes sexto, Los Beatos se fueron ahora por naciones de Oriente, hasta límites del comienzo de Occidente. Arribaron primero a Marcadina, y les recibieron tres mil; al otro día a Landaho, recibidos por seis mil. Aquí les llevaron en barcazas que se mueven sin velas, a través de los ríos de la ciudad, escoltados por patrullas costeras, y por las orillas, la gente enfilada al borde del agua con los brazos extendidos y al pasar por los muelles se lanzaban al agua nadando cuanto podían por acercarse a ellos. Y desde los puentes se apretaban para saludarles. Dos días después arribaron hasta Kong-Honk, de último momento los contratistas pidieron el doble por cada asiento, y en las dos presentaciones no quedó un vacío. Subiendo nuevamente al galeón, bajaron a la otra orilla, a la isla de Austral, entrando por la provincia de Neysyd.

De ahí se fueron a Laidadela, siendo recibidos por los primordiales del Gobierno. Y del puerto a la ciudad, habíase formado una valla de más de treinta mil gentes alineadas hombro con hombro durante una legua de largo. Una vez llegaron al centro de la ciudad, una cantidad formidable de gente estaba ya reunidas ahí; tanta como nunca antes se había visto (que no fuera para convocar a la guerra). Toda actividad paralizada, la mitad de Laidadela en la calle; como el terció de un millón. Y así, en compañía de los notables, Los Beatos salieron a los balcones arriba y desde ahí contemplaron la ancha avenida atestada que parecía como una larga columna (de gente) hasta donde se perdía al horizonte. Como cardúmenes se oía que coreaban sus salmos. Algunos mayores se decían: "¡Pero que ha venido a verles más gente que cuando la Reina!"

Ahora, estando en los balcones por sobre la gran multitud, alcanzó a ver Rigo a uno hombre que estaba paralítico, que quería meterse a la Casa para estar en medio de ellos, pero no podía pasar debido a la muchedumbre. En esto unos hombres trajeron en una camilla al paralítico y trataban de introducirle, para ponerle delante de ellos. Pero tampoco encontraban por dónde a causa del gentío y poniéndolo sobre una camilla, hicieron una abertura entre la gente y lo alzaron por encima; postrado. Al verlo Rigo, se compadeció de él y lo saludó

---

108 Poco antes de salir, Rigo enfermó de las anginas y se las extrajeron. Pero mandaron a que las quemaran, no fuera que alguien las hurtara de la basura.

desde lo alto. Y entonces, al ver el hombre que se había dirigido a él, se inundó de felicidad, y ¡Ve! que de pronto se bajó el mismo de como estaba, y levantándose arrojó sus muletas al aire, gritando fuertemente: "¡Puedo caminar, puedo caminar!" los que estaban alrededor, quedaron todos llenos de gran asombro, pues sabían que era parapléjico de nacimiento, y se pusieron también a dar voces: "¡Milagro, milagro!" Y dando gloria a Dios, decían: "Jamás hemos visto cosa semejante"[109].

5 REGRESO a Dreslón, los esperó la multitud habitual de más de diez mil[110]. A la noche, nuevamente la guardia imperial apenas si podía contener la enrome multitud que había salido a las calles. Toda zona adyacente cerrada al paso[111]. Y así mediante este artilugio, pudieron verlos y conocerlos en muchas naciones incluso a donde nunca fueron. Y ¡Mira! Al día siguiente se reportó por todo el Imperio, que Los Beatos se habían aparecido en más de quinientos lugares (pantallas).

Ahora bien, Los Beatos permanecieron por Dreslón y no querían ir a Púliver pues había oído que ahí ya no les amaban; y les escribían: "Salgan y vengan a Púliver para que sus hermanos también contemplen las obras que hacen", mas no querían entrar abiertamente sino en sigilo. Sucedió que como se iban cumpliendo los días, afirmaron su rostro para ir a Púliver (y enviaron mensajeros delante de sí, a que les prepararan).

Entraron ellos en una barca pasando al otro lado del Seymer y vinieron a su ciudad cerca de la hora quinta de la noche; pero ni aún a esta hora les libró el gentío[112]. Luego que amaneció, una muchedumbre como de doscientos miles se había juntado afuera, ya al grado que no cabían siquiera cerca. Calles, plazas y avenidas

---

109 "Se abrirán los ojos de los ciegos y las orejas a los sordos y el cojo saltará como un cervato" Inmediatamente después se fue de bruces contra el suelo lastimándose aún más.

110 Llegaron justo al estreno de la cinta donde actuaban ellos mismos, actuando como ellos mismos. Pues la atracción consistía en ver cómo era que vivían durante 48 horas. Ese día por la mañana, los rollos fueron llevados dentro de maletas de hierro sólido por alguaciles portando armas en ristre, como cuando llevan oro.

111 A la presentación acudieron la Princesa y muchos otros insignes. Las cortinas del recinto llevaban un B-estampado. La alfombra usada se vendió en 90 mil monedas y en países de AL dijeron que la cinta era solo malas costumbres y que fomentaba la pornografía; y no dejaban de llamarles afeminados, extraviados.

112 A la mañana siguiente, el Mayor de Púliver les obsequiaría las llaves de la ciudad en la Casa de la Alcaldía.

abarrotadas de jóvenes cantando sus alabanzas. Se apiñaban unos a otros a las afueras de la Casa. Cosa apoteósica.

Y cuando (al fin) apareció la carroza a lo hondo de la avenida, el pueblo entero de Púliver estalló en júbilo. Cientos de gendarmes y alguaciles entrelazados de los codos hacían una valla para mantener la calle abierta, conteniendo cuanto podían las oleadas de empellones y les empujaban fuertemente a retroceder, pues la multitud se desbordaba echándose sobre ellos; mientras la carroza avanzaba lentamente rodando la calle abarrotada a ambos lados. Y ¡Mira! Que al ir pasando, muchas muchachas quedaban quietas como petrificadas de embeleso y en su rostro tenían imagen como si hubieran visto a Súsej mismo. Los alguaciles apenas si se daban suficiencia en llevar en vilo a tanta desfallecida.

Luego pues, fueron conducidos a la Casa de la Ciudad, recibiéndoles el Mayor y todos los principales de Púliver; pasaron arriba y salieron al balcón ante la gente. En la calle se habían reunido tantos que parecían como cardúmenes de gente y todo hombre y mujer joven, cuerpo a cuerpo comenzaron a entonar en coro multitudinario: "(nosotros) les amamos, yeah, yeah, yeah!, les amamos, yeah, yeah, yeah...

yeah!" Se movían al compás, y vistos desde arriba parecían como cardúmenes en vaivén como olas. Y entonces a ver esto Jonás, que extiende el brazo derecho a lo alto adelante, rígido, haciendo el saludo de Híster, mofándose de la exageración que les dispensaban. Los ancianos de Púliver se decían: "Cuatro grandes se han levantado entre nosotros y el mundo nos ha nombrado su pueblo". Porque muchos no creían ni cedían sino hasta que vieron el portento.

6[113]PARA su recibimiento, se había pensado llevarles por calles de San Florisco en gran desfile, mas al saberlo, Yorch se negó: "¿No acaso así asesinaron a Kenn?". Un día antes del vigésimo del octavo del mismo Beato-año, comenzaron su segunda Beato-peregrinación por el Imperio. Ciudad tras ciudad, pueblo y comarca, se provocaba un frenesí

---

113 Días antes de su segunda visitación al Imperio, uno de los Tetrarcas se dio a tarea de ir a cuantas iglesias y organizaciones de jóvenes pudo, urgiéndoles parar de escuchar a Los Beatos, y él mismo había escrito un libro donde establecía la interacción entre Roca, promiscuidad, delincuencia, sustancias y subversión Roja. E incluso consignaba que La Roca producía daño cerebral averiguando los efectos de las vibraciones bajas y el sonido sincopado en los ánimos de la conciencia.

nunca antes visto. De Norte a Sur y de costa a costa, quinientas leguas diarias (promedio), veintitrés ciudades en treinta días anduvieron. Nunca antes nadie, Gobernante o Predicador fue tal requerido[114].

En ninguna parte arribarían en silencio, y desde el primer momento que volvieron, la nación entera contrajo la manía. Chicas danzando, corriendo, saltando, gimiendo, gritando, llorando; todas a borde de delirio. Huestes enteras de gendarmes a todo rededor, llevando y trayéndoles[115].

Continuo griterío, barricadas de patrullas a caballo, escoltas motorizadas, habitaciones copadas por escribas y voceros venidos de muchas partes. Nadie sentado en los conciertos, todos parados en los asientos; gritos, miles de gritos, muchachas llevadas en vilo, coches señuelo, policías con peluca, desfiles; solo cerca de ellos había calma, alrededor todo era como huracán. En los estadios, era tal la grita que apenas si se sabía lo que estaban entonando[116,117].

---

114 El día que llegaron, una centena de jovencitas se abalanzó sobre la carroza y de tantas que eran, el techo de hierro comenzó a ceder encima de ellos. El hostal donde pasaron la primera noche fue cerrado tras ellos, de modo que era imposible entrar sin salvoconducto, sin embargo habiendo averiguado que Los Beatos estarían ahí, desde un día antes, unas muchachas vistiéndose como mucamas, entraron discretamente y se escondieron detrás de las cortinas de sus habitaciones. Ese día también, a media noche una sirvienta fue acuchillada por un fanático, por haberse negado a informarle en qué habitación estaban estos. Mas los alaridos de la mujer no perturbaron a nadie, pues pensaron que venía de la multitud afuera en la calle, en vigilia detrás de una valla de diez pies de alto.

115 Apenas se sabía estarían en tal ciudad, de inmediato regimientos de alguaciles eran despachados a las calles. Escuadrones motorizados les precedían a toda velocidad,

abriéndoles paso entre avenidas atestadas de fanáticos. Tanto era el alboroto que hasta las mismas patrullas se atropellaban unas a otras. Pero sin todo aquello, la vida misma podía irles a manos de sus fieles.

116 Mientras en las gradas, muchas botellas de alcohol, gasas, vendas y demás fornitura médica quedaba regada por los pasillos, todo esto despachado por cuadrillas de enfermeras que no paraban de correr en todas direcciones asistiendo a centenas de muchachas que desfallecían; como si hubiera una revuelta. Y cuando terminaban, salían ellos despedidos a zancadas por los túneles de los Coliseos, azorados como si corrieran por su propia vida; nomás se les veía volar el fleco.

117 Danzas, cánticos, pueblos enteros volcados en las calles, alineados sobre las banquetas a lo largo de todo trayecto; frenéticos mancebos, aullidos de sirenas, gente que se arrojaban a ellos, estruendo sin fin. Y todo esto le parecía muy divertido a Rigo. Otro día, la aparición debió suspenderse porque la gente había trepado hasta el estrado donde

1. *Aa...aah...aaahh...áaaahhh...
   huaauu-whheeeeellh!*

Tan poderosa era entonces esta palabra que en cuanto salió de su aliento, hileras de muchachas que estaban en las primeras filas hasta las de arriba, caían desfallecidas hacia atrás como onda que se expande, y el tejaban pareció que saldría volado por el aire. Otras más, habían quedado en sus asientos inmóviles y boquiabiertas como si les hubieran atado, y en su rostro se les veía como que no dieran crédito a lo que con sus ojos veían y con sus oídos oían; mientras otras trepaban ya los alambrados.

Tal era el estruendo, que ni aún ellos mismos se escuchaban. Tomó Jonás la palabra y dijo: "Hey!, (me) escucháis? Seguimos con este Vals, no sé de cual plato es, yo no lo tengo" y la gente solo gritos respondían "Recuerden este":

1. *¡Oh! ¿qué puedo hacer? ella
   de negro viste y yo siento
   triste, dime ¡oh! ¿qué puedo
   hacer?*
2. *Ella piensa en él, por eso de
   negro va y aunque él nunca
   vendrá, de negro va*
3. *Yo pienso en ella y ella solo
   en él, y aunque solo bruma es,
   piensa en él*

Y mientras decían esto, en las gradas muchas jovencitas comenzaron a sollozar hasta romper en llanto y se repartían pañuelos.

1. *¡Oh! ¿cuán largo tomará
   hasta que vea el error que
   comete? Dime ¡oh! ¿qué
   puedo hacer? ella está de luto
   y yo triste, dime ¡oh! ¿qué
   puedo hacer?*[138]

Ya para esto, de pronto unas muchachas, como convulsionadas no pudieron contenerse más en sus asientos. Salieron dando saltos por entre las sillas, brincado rejas y vallas, burlando a los alguaciles y pronto estaban ya al pasto, poniéndose despavoridas a correr adonde Los Beatos. Al ver esto, los alguaciles entraron en pánico y corriendo tras ellas las atajaron regresándolas a rastras. Al ver todo cuanto sucedía, de pié como estaba, Jonás abrumado le vino un arrobamiento y se quebrantó en espíritu, alzó los brazos al cielo e imploró por el mundo su locura. Exclamó en lengua desconocida; la gente solo borucas oyó.

Para terminar, se dirigieron a la multitud y les gritaron:

1. *¡Auxilio! Necesito de alguien,
   ¡Auxilio! No solo cualquiera.
   ¡Auxilio! sabes que necesito a
   uno. ¡Auxilio!*

---

138 Algunos discurrieron que lo decía por los seguidores del profeta.

2. *Cuando era joven, mucho más que hoy, no necesité ayuda de nadie de ninguna forma. Ahora mi vida ha cambiado, ya no estoy seguro, ahora estoy tornado, las puertas os he ampliado*[139]

Les volvía a decir:

1. *Ahora mi vida ha cambiado en ¡oh! más de una, mi libertad parece desvanecerse en una bruma*
2. *Ayúdame si puedes, que estoy abajo. Apreciaré que estés al tanto. Ayuda no elevándome del suelo ¿quisieras por favor ayudar, ayudar, ayudarme? uuu*[140]

Con muchas ilustraciones de este tipo les hablaban hasta el grado que podían escuchar. Pero ocultamente explicaban todas las cosas.

Hubieron dicho este salmo con ese nombre, luego un plato y más luego una cinta también así llamada; pero nadie parecía notarlo. Las multitudes seguían gritando más allá de comprensión. Porque ellos nada comprendían de estas cosas, y esta palabra les era encubierta, y no entendieron lo que se les decía. Al otro día, Rigo se lamentó ante los escribas: "¡Oh! nos sorprendemos cuan llanos pueden ser. No hubo uno que le importe de dónde venimos o a dónde vamos. La gente no vino a oírnos, sino a vernos". Y Jonás: "Bien hubiéramos sido figuras cera, y doy fe a que nadie lo habría notado"

4 POR PUEBLOS del Sur y del Norte de La Unión hasta Nadáca, en todas partes hicieron prodigios maravillando a miles y miles. De tanto que todo era, deseaban ya sosiego. Cuando llegaron a la región de Califas, se arregló que se instalarían pacíficamente en una mansión en una aldea llamada Campanas al Aire. Entrando en silencio, no querían que nadie llegara a saberlo, pero no pudieron pasar inadvertidos, así que había gran gozo en aquella ciudad. Y antes bien, no pasó la mitad de ese día cuando una multitud de jóvenes y escribanos viniendo de muchos alrededores, apareció agolpándose a las puertas[141].

Para entonces, una centena de personalidades de la región, habían enviado solicitud de anuencia a Brandon para ver a Los Beatos; pero ellos no deseaban recibirles a muchos, pues les consideraban

---

139 ¿Las de La Percepción de Aldoux Leyhux?
140 "Cuando eras joven tú mismo te ceñías e ibas a donde querías; pero cuando llegues a viejo extenderás tu brazos y otro te ceñirá, y te llevará a donde no quieras" Ju. 21:18.
141 Hijos de ricos rentaron libélulas con tal de verles aun desde arriba.

simples de espíritu; mas Brandon les insistió, para que fuera aún más grande su gloria. Ese día cayendo la tarde, se dio lugar una recepción a mucho dispendio. Una horda de celebridades, se hicieron presentes en los jardines esperando estrechar a Los Beatos. Una plataforma fue dispuesta en el jardín principal y de este modo dio comienzo un largo desfile de insignes acompañados de sus primogénitos, uno a uno pasando frente a ellos. Muchos quedaban tan regocijados que volvían a enfilarse, de modo que en la salutación les fueron como dos horas.

A quien sí querían conocer era a Visél. Por esos días, Visél vivía también en tierras de Califas, y gentes de muchas partes del Imperio y de otras naciones iban hasta su casa en peregrinación. Fue pues convenida la reunión. Y así llegada la hora, una caravana de diez carrozas largas salió a casa de Visél. Pero mientras iban, se prepararon un té y yendo por los caminos sinuosos de pronto les vino un éxtasis y comenzaron a parlotear divertidos entre ellos olvidando a dónde iban. Y ya solo estando frente a las rejas de la mansión recordaron, y entonces cayeron a risotadas.

Anunciándose entraron a la vasta casa de Visel, esperados por una docena de sus ayudantes les llevaron por los pasillos hasta llegar a un salón en forma de herradura, donde sentado en un amplio sillón, viendo La Visión sin sonido y con una lira asida, Visél les aguardaba. En cuanto entraron y lo vieron, se quedaron sin habla: "¡Es Visél! ¡Mira! Pero si verdaderamente que es Él" y apenas si podían creerlo. Volteó entonces él y sonriendo serenamente les dijo: "Bienvenidos ¿Gustáis mi licor?"

Su vestimenta era una bata hecha de pieles de zorro y su cinto ancho de cuero incrustado de piedras preciosas; su comida consistía en emparedados secos y batidillos con miel silvestre. Visél gustaba de estar rodeado de una pandilla de aduladores, y si decía: "voy a orinar" se aprestaban de inmediato: "vamos, vamos, orinaremos contigo". Se sentaron entonces los cuatro en torno a él y se quedaron así solo mirándole. Y como (ellos) nada decían, él que les reprende: "¡Maldición! ¿Vas a quedaros así nomás?". Los Beatos pues fueron a Visél, aunque era él quien necesitaba acercarse a ellos; mas dejaron que así fuera, porque era conveniente que se cumpliera toda justicia[142].

---

142 Aquí algo interesante respecto a una estatua que Visél tenía del Sumo Sonjhon. Craig Cross: "The Beatles, day by day..." pág. 157.

5 SU GRACIA no daba señales de menguar; mas al contrario, comenzaron a presentar a Nitrám salmos de palabra más sabia, de mayor genio. Por este tiempo, un día escuchó Yorch el sonido de un cierto hombre venido de Oriente, y al oírla ¡Mira! aunque nunca había escuchado sonido así, le pareció como si lo hubiese escuchado desde hacía mucho tiempo. Le pareció un sonido muy familiar.

Un día mientras andaban por una arboleda, pidieron a un retratista les hiciese un retrato. Una vez que lo hubo hecho, se los mostró y les complació[143]. Pero al estarse ellos contemplando a sí mismos, quedándosele viendo fijamente, que de pronto ¡Ve! a sus mismos ojos el retrato comenzó a elongarse, hasta quedar sus rostros estirados. Y entonces al ver esto Pol, lleno de asombro, exclamó: "¡¿Qué?! Alma de hule", y así quedó en ese momento el nombre de la compilación. Más Jonás mandó a decir a los escribanos que dijeran que ningún misterio había en ello. [144]Este plato de hule vino también a convertirse en oro.

Otro día, estando Jonás por la mañana, intentaba componer un salmo, pero pasaron horas y no le venía nada, por lo que se fue a dormir. Pero entonces, en el sueño le vino entera la letra y la melodía de uno, el cual se refería a sí mismo. Mas lo puso diciendo "ti" en vez de "mí".

1. *Él es verdad hombre de ningún lugar, sentado en tierra de ningún estar, haciendo designios de nada, para nadie*
2. *No tiene de nada opinión, no sabe a dónde va. ¿no se figura un poco a tí y a mí? Es tan ciego como puede ser, solo ve lo que quiere ver. Hombre de ninguna parte: ¿podrías ver a mí?*
3. *Hombre, no te apures. Date tu tiempo, no prisa. Hombre, escucha: no sabes lo que pierdes. Hombre, el mundo está a tu comando*
4. *Es verdaderamente el hombre de ningún lugar, sentado en ninguna tierra, haciendo designios de nada, para nadie. Haciendo designios de nada, para nadie.*

Un día en que estaban enseñando, se sentaron por ahí unos sacerdotes; y entonces dirigiéndose Yorch a ellos, se puso a decir estas cosas:

---

143 Al contrario del azoro de "Se Vende(n)" ahora se veían de semblante pacífico, mirando abajo como si estuvieran en un alto.

144 Una vez que salió, dejó perplejos a los seguidores que esperaban oír más salmos del tipo yeah-yeah.

Avenidas y plazas públicas tomadas por maestros y discípulos vociferando agrestemente contra Los Beatos; y en grandes turbas ondeaban lienzos, escrito: "¡Largaos Beatos!" y hasta hacían juramentos de muerte[156].

Les repudiaban porque en esas tierras tenían férreamente asida la tradición de sus antepasados; y si muchas veces al día no hacían reverencias, se sentían impíos. Convenientemente les reputaron como (parte de) "La perversión de Occidente" pretendiendo así invalidar los sentimientos de sus hijos[157]. Mas sin embargo, esto tenía que suceder según escrito[158].

Entre tanto los padres advertían severamente a sus hijas: "Manteneos a discreción ante estos" pues a ellas Los Beatos les parecían muy honorables; pero ninguna se atrevía a hablar abiertamente a su favor. Mientras esto acontecía, el mar de Oriente comenzó a agitarse intempestivamente, y pronto sobrevino un huracán poderoso que levantó el mar con

gran viento y azotó con furia la tierra, desgajó cerros y dejó ciudades rasadas en agua. Como veían estas cosas, sus asistentes sintieron miedo y no querían ir allá, mas ellos les confortaron, pues conocían la causa de las cosas que sucedían. Y una vez que bajaron a la Isla, vientos y mares se retrajeron y sobrevino la calma. Por consiguiente todo el pueblo que veía, quedaron asombrados y se decían unos a otros: "¿Pero quiénes son estos que aún viento y mar obedecen?"

Al llegar al hostal, un piso entero les fue dispuesto en lo más alto, ya copado por un regimiento entero; así puestos como honorables rehenes. A nadie se permitía siquiera acercarse sin salvoconducto, y además se instó severamente a que mientras estuvieran, no se les permitiría salir a la calle (que no fuera para ir a las apariciones). Ellos replicaron: "Pues si no podemos salir, traed los mercaderes a nosotros". Así de este modo, una comitiva y séquito de los mejores mercaderes pasaron ante ellos, trayendo cofres repletos de las más exquisitas mercaderías y diminutos artilugios de Pónja.

Para entonces, voceros y escribanos de muchas partes habían llegado para observar todo cuanto ahí sucedía, y después de muchas acreditaciones, salieron a

---

156 Quisieron ellos visitar el palacio del emperador, pero esto sí ya no les permitieron.

157 "Los viejos nos odian, pero el corazón de los nuevos está cerca de nosotros. Bien invalidas el alma de vuestros hijos por guardar la tradición"

158 "Vendrán a las regiones de oriente y de occidente, del norte y del sur, y todos departirán en la mesa del nuevo reino"

hablar con ellos. Uno se levantó y dijo: "Muchos aquí se perturban por vuestra presencia, pues os consideran causa de confusión y/o profanación, ¿Qué decís a ello?". Pol comenzó: "Ustedes nos conocen y saben de dónde venimos. Hemos venido por el poder que nos llama. Nadie en nuestra nación diría que el sonido de Pónja perturba nuestra tradición" Jonás continuó: "(En todo caso) es mejor ver gente cantar que batirse" Y al oír esto los notables quisieron ahí mismo apedrearlos, porque en esa nación consideraban el combate un acto sagrado. Pero ninguno se atrevió pues temían su poder. Saliendo de ahí, se retiraron a sus habitaciones.

Por todo cuanto acontecía, se aquejaban mucho entre ellos. A dondequiera que se movían, su mera presencia era ya causa y razón suficiente para tribulaciones. Ellos mismos comenzaron a extraviarse de tanta manía; demasiada restricción. A la mañana siguiente, Pol y Jonás untándose barbas, lentejuelos y abrigos largos, salieron con disimulo de su habitación y engañando a los guardias, llegaron hasta la calle. Más de mañana, al pasar revista los soldados cayeron en cólera y desesperación, y desplegaron una patrulla a que les encontrara de inmediato y trajera (discretamente) de vuelta. Pronto les encontraron y

una vez de regreso, el Comandante les advirtió muy fastidiado: "Si volvéis a hacerlo me marcharé y os dejaré a merced de su suerte" pero Brándon le respondió: "No se atreverían" Todo esto acontecía por causa del poder de Los Beatos.

En este orden de cosas, el Gobierno les formuló el itinerario momento a momento, y así les fue comunicado: "A la hora sexta de la tarde, tocaremos a su puerta, saldrán primero los cuatro, llegaremos a las escaleras a la sexta con siete, tardaremos en bajar uno y un tercio, nos encontrarnos a los quince en el zaguán, llegando a las puertas de la calle al veinte. Ahí estarán las carrozas, en la cual tal y tal abordarán y estos otros irán en esta otra y en aquella".

Así, una vez que bajó el sol, una veintena de soldados llegaron a la puerta y llamaron. Pero encontrando ellos gran divertimento en esto, hicieron como si no hubieran escuchado y siguieron reposando. Sonaron otra vez la puerta y luego más fuerte y así pasó el cuarto de esa hora. Y solo hasta que casi la tiran, entonces salieron ellos entre (fingidos) bostezos. Y ya enfilados por los pasillos abajo, de pronto se detenían entre sí para decirse cualquier cosa y caminaban lentamente. Y el rostro de los soldados era de histeria, pues Los

Capítulo 26 II

[167]EN TIERRAS del sur, en las regiones Alaba-mas, dos ciertos voceros retomaron el asunto, y esa fue hora de comienzo de un escándalo de talante mundial. A la mañana siguiente, con falso disimulo se pusieron a conferenciar entre ellos: "¿Oye, sabéis ya lo que ha dicho ese Jonás de Los Beatos?" "No, decidme" "Que son más grandes que Súsej" "¡Oh, sí!? no volveré a poner un salmo de ellos"[168]. Y pasaba un rato y en el mismo tono volvían a dialogar; así repitiendo a cada oportunidad, divulgando esto durante todo ese día. Escándalo de todo escándalo[169].

Los Sumos Sacerdotes, la comunidad entera del Presbiterio, los viejos custodios de los templos, los fanáticos de la letra, los petrificados en la ley, los depositarios de la beatería árida, el Patriarcado de ritualistas y ceremoniosos, y los Principales del Sur, casi desfallecen de la escandalizada que se pusieron. E inundados de ira, los CuCos y todos los que están con ellos; esto es la secta de los ricos e influyentes, entraron en Consejo y dando grandes voces se taparon los oídos y crujieron sus dientes: "¡Que maldito sea ¿Cómo se ha atrevido?! Ahora conocemos que en efecto ese Jonás es (nuestro) demonio". Hablaron de Jonás con muchas ofensas y le maldijeron hasta su séptima generación, y desde los púlpitos lanzaron arengas de odio: "¿Quién es este que se atreve a decir palabras ofensivas contra dios?"

A primera hora del día siguiente en seis Estados (del sur), más de veinte Casas se añadieron, y sus escribanos fueron instados a no hablar de Jonás sino como el gran blasfemo. Todo salmo de ellos fue proscrito, incluso entonados por otros. Viendo los dos voceros su ardid prosperado, se pusieron ahora a radiar: "No paséis lo que Jonás ha dicho ¿Qué se creen estos que son?". Y la gente solo porque oía estas cosas provenientes del aire electro, prestos a la propaganda y al escándalo como eran, dieron

---

167 En Terraingla casi pasó ignorado, la gente solo dijo: "Ya hasta de leyes divinas habla ¿acaso creé saberlo todo?" Solo hasta cinco meses después al saberse en el Imperio...

168 Aunque esta, como otras casas promotoras del escándalo, no usaban dar sus salmos y ni siquiera devotos del templo, era solo por ganar propaganda. Incluso que uno de ellos mismos, el día en que Los Beatos arribaron por primera vez al Imperio, dijo "Es lo más grande que nos ha venido en 100 años".

169 Última declaración de arrogancia de este sin-Dios confeso. En días en que si alguna figura pública declaraba ser ateo, omitían esto en las reseñas.

todo por cierto, permitiéndose les escandalizaran con presteza[170].

Una hora después, cientos de padres llamaban ya a las Casas, aprobando la iniciativa. Pero no contentos con esto, se pusieron luego a llamar a las tiendas, amenazando de echarles cuanto Beato-adminículo tuvieran. Así que por el temor en progreso, los mercaderes escondían estas mercaderías y regresaban los pedimentos. Para dispersar aún más la disensión, una hueste de voluntariosos, se aprestaron ir de casa en casa a discursar según les habían dado que discursaran contra Jonás. Y tan era así, que dejaban a los padres temblando en sus pórticos, incluso al punto de llorar de ira.

Una gran ofensa fue esparcida, y por sobre todo el mundo se tendió una capa como una nube de odio y temor; como gran cisma[171]. Miles

confrontados profundamente en su creencia. Incluso muchos de sus prosélitos más fanáticos se volvieron contra ellos, y dijeron: "Dura ha sido su palabra ¿Quién puede oírla?" Cayeron en gran confusión y algunos no regresaron más.

2 TODAVÍA, los mismos dos voceros discurrieron convocar una gran colecta por todos los contornos de Alaba-más, incitando así: "Venid con vuestra Beato-basura y depositadla aquí. Los Beatos son detestables".

Así, pronto por calles y campos colocaron mantas indicando donde se llevaría a ser lo que les dio por llamar una "Beato-hoguera"; y mandaron llevar grandes botes para desperdicio que dispusieron en el claro de un campo; y no pasó otra hora, vino una muchedumbre como de trescientas gentes. Padres e hijos menores cargados de bultos a cuestas, y de buen contento vaciaron sus cargas en montones sobre montones, todo tipo de Beato-cosas quitadas a sus hijos. De modo que muchos objetos antes devocionales, ahora depuestos como desperdicio.

Frente a los escribanos deshojaban los libros de Jonás, hacían trizas sus platos, los azotaban contra el

---

170 Senadores de tres Estados (también del sur) pidieron que se impidiera entrar a sus respectivas comarcas.

171 Demostraciones públicas desde Kong Honk hasta Xicomé. En Pañaes dijeron que prohibirían sus salmos para siempre. En Sur-Fricaá, el Gobierno decretó inmediata proscripción de todo salmo. Aunque esto más bien sucedió porque días antes se negaron ir ahí porque sabían que no permitirían que los de color estuvieran con los pálidos; talvez incluso siquiera entrar. Este decreto duró muchos años, incluso después de separados. Luego lo derogaron

---

pero solo para los otros tres; luego ya no fue posible nada.

suelo y alegres brincaban encima. Un montículo como de cinco brazadas de alto apiñaron, ya muy desbordados los botes. A eso, pasó al centro uno de los CuCos y volvió a discursar sobre Jonás. Y entonces terminado de hablar, con las antorchas que llevaban, procedieron solemnemente a someter la gran Beato-masa al fuego; y esa lumbre se elevó a tal altura, que fue vista en muchas partes de la tierra[172]. [173]Uno de los que estaban ahí, como de once años, se llamaba Davy; el cual llegaría a ser conocido como Manchap.

Al ver Jonás desde su casa que ahora ya hasta lo quemaban, sintió en sí mismo el ardor. Al ver que por lo que hubo dicho se había zanjado una parcela más de odio en el mundo, salió afuera y lloró amargamente[174].

3[175]Así ENTONCES LAS COSAS, por cuarta ocasión entraron Los Beatos al Imperio, descendiendo por el puerto de Cagochi. Dos centenas de voceros y escribanos venidos de muchos lugares, ansiosos de saber lo que Jonás diría. En cuanto le vieron en tierra, se le abalanzaron y mientras iba al paso, le estrecharon y se pusieron a provocarle que hablase, procurando cazar discordancias de su boca para acusarlo: "Dime Jonás ¿Cómo hoy estás? ¿Te levantarás y pelearás? ¿Crees que así más alto subirás? ¿Fue este tu error fatal?"; pidiéndole con esto señal de iluminación divina. Y regocijados entre ellos se repetían: "Ahora lo tenemos, aquí lo traemos"[176].

Como usual, un salón entero se arregló. Muy inquietos los escribanos reiteraban: "¿Pero

---

172 Igual como las quemas de libros de Híster. Antes lo habrían quemado a él mismo; ahora debían conformarse con su obra. Al tiempo volvieron a comprar todo.

173 Muñequitos de hule a imagen de Jonás quemaron ensartados en varas (a modo Vudú).

174 Pero que el día de la Beato-hoguera, tan grande fue la pira que las llamas alcanzaron la antena misma de la Casa y se incendió toda, hiriendo incluso al principal. En otra Casa, estando mandando injurias a Jonás, de repente les cayó un rayo directo sobre la aguja fundiendo las maquinarias. Al final todas esas

Casas perdieron mucho dinero al negarse a pasar sus salmos.

175 Aún muy agotado, partió Brándon a Nueva Kroy, y una vez ante los regentes de espectáculos quiso derogar todo compromiso, hasta pagar él mismo los reembolsos. Mas ellos le dijeron: "No tendrías para tanto. Mejor sea que pidas a Jonás por perdón". Y poniéndole al momento al teléfono, llamó a Jonás a su casa. Mientras en la Abadía se grababan disculpas públicas a voz de Jonás, y pensaban diseminarlas por las ciudades del Imperio. Mas al saberlo él, les reprendió severamente.

176 JCSS.

por qué ha hablado este así? ¡Blasfema!". Así pues, salieron ellos ante la asamblea. Discerniendo entonces Yorch que murmuraban de aquella manera, comenzó: "¿Por qué no podemos razonar sobre estas cosas? ¿No dicen acaso las mismas escrituras que quien construye casa en sólido cimiento es confortable dentro y no teme que se derruya? ¿A qué viene eso de 'blasfema'?"

Al oír esto, se exacerbaron de gran manera, y pasaron a contender a Jonás: "Jonás debes notar los serios cargos que te afrentan, te has comparado al hijo de Dios y ahora queremos toda la verdad". Tomó él un instante y con voz firme comenzó: "(Sea notable ante todos vosotros que) si acaso hubiera dicho: 'La Visión es más conocida que (las enseñanzas de) Súsej' cierto estoy que estaríamos ahora todos riendo. Mas en cambio, he dicho: 'Los Beatos' y el celo a nosotros es lo que en verdad os contiende[177]. He hablado sobre la base de lo que la gente ve en nosotros. 'Los Beatos' son (hoy) poderosa concepción que a nosotros mismos rebasa. Así según veo, dispensarían al que jurara por el artefacto inerte, mas no a quienes que a través (de este) esparcieron

júbilo por toda la tierra, cierto? Sois entonces todos locos"

Al oír esto, Sacerdotes y escribanos, se revolvieron aún más en sus asientos y algunos hasta querían lanzarse contra él. Otro escribano se levantó y dijo: "Los niños cantan: 'Amo a Los Beatos más que a Súsej' qué dices a ello?" buscando con insidias, alguna palabra de su boca. Jonás les dijo: "Si solo yo diera testimonio, mi juicio no sería verdadero; son miles en el mundo que hacen nuestro juicio legítimo. Eso es lo que dicen ¿Y ni aun así comprendéis? ¿Qué más señal necesitáis?". Esto se los había dicho porque a esa generación toda señal le sería dada[178].

Entonces mirándolos alrededor con enojo, entristecido por la dureza de sus corazones, dijo: "No digo que seamos mejores o más grandes, o que nos comparemos con Súsej como persona o con dios como concepto o lo que sea que es; solo dije lo que dije y fue errado o tomado errado y ahora es todo esto"

"No necesito ir al templo. Respeto el templo por el aura sagrada en

---

177 Los que conocían lo que era de Dios (del Occidental al menos), sabían que lo que decía era verdadero; mas mundanos como muchos eran, solo mundano escuchaban.

178 Encuestas de ese tiempo en Terraingla decían que los jóvenes sabían más de Jonás el Beato que del Bautista, más de Pol de Tonaller que Pol de Sotar.

que lo han investido los creyentes a lo largo de años. Pero pienso que ha habido muchas cosas malas en nombre del templo e incluso de Súsej, por eso me mantengo alejado. La gente que necesita ir al templo, debe ir; y los que saben que el templo está dentro de uno deberían visitar ese templo seguido, porque ahí está su fuente[179]. Súsej dijo: 'El reino del cielo esta dentro de vosotros' y las demás religiones también lo dicen. Todos somos Dios. Yo no soy un dios o el Dios, todos lo conformamos[180]; todos somos divinos y malvados. Han hecho de mí una imagen maligna, mas les digo que soy el tipo más religioso"

Pero a pesar de todo esto que les acababa de decir, los escribas le dijeron: "Bien, ¿pero vais a disculparos?" Y al escuchar esto, apenas si se contuvo, pues pensaba que ya se había disculpado. Entonces llamando otra vez a sí a la asamblea, procedió a decirles: "No soy anti-Dios o anti-Súsej. Dios sabe que nunca quise provocar esta inmundicia antirreligiosa; mas si les place que me retracte (de algo que ustedes

mismos saben que es verdad), entonces bien, me retracto. Sin embargo, escúchenme todos ustedes y capten el significado de estas cosas: De cierto os digo: si Súsej regresara, ustedes mismos lo volverían a matar. Y tengo autoridad para deciros: de Dios vengo y a Dios voy"[181]

Y entonces al oír lo que les había dicho, tanto los de adelante como los que estaban atrás quedaron todos quietos, como si les hubieran atado; pues reconocieron la palabra y no les quedó más que hablar. Entonces, otro escriba se levantó y dijo: "Bueno: ¿Qué sienten pues ser una divinidad en la tierra?" Pero Los Beatos no se confiaban a ellos porque los conocían a todos y no tenían necesidad que se les diera testimonio, porque sabían lo que hay en el hombre; Jonás le respondió: "No digáis eso" y Pol señalando al escribano concluyó: "Este lo ha dicho" y (riéndose la asamblea) con esto se fueron[182]. Al tiempo Pol profetizó: "Fue un error en la cuenta corta, mas dejará de ser en la cuenta larga"

---

179 "Entra a tu aposento y cerrada la puerta, se con Dios que está en secreto, y Dios que está en lo secreto, te recompensará en público"

180 "¿No está acaso escrito en su ley: Yo he dicho: dioses sois? –Pero podría haber falla en la escritura- ¿cómo decir que blasfema?" Ju 10:34.

181 Quien tenga oídos que escuche.

182 Días luego, hasta el mismo Vati aceptó el desagravio; pero dijo: "No todo en el mundo debe ser discutido (para ello ya hay autoridad). Ni siquiera por esos Beatnicks". Sacerdotes del Norte confirmaron: "hemos puesto muchas cosas delante de Súsej. Hoy casi cualquier deporte es más popular que Súsej".

4 CUANDO hubieron terminado de hablar con la gente, partieron a las regiones del sur, llegaron a los términos de la ciudad de Linacaro al otro lado del Missis, asentada en tierras de los legionarios del Clan; la faja de los arcanos. Y en cuanto se supo que habían entrado, una turba iracunda llegó al hostal donde estaban, se pusieron a gritarles desde la calle: "¡Blasfemos, blasfemos!". Les mandaban vacíos y maldiciones y hasta hicieron rezos para que se cumpliera una (reciente) profecía[183].

Luego que el día comenzó a declinar, el Gran Dragón de los Caballeros Blancos de los CuCos, junto a la comitiva de principales del mismo partido, salieron a las calles con dos maderos arreglados en cruz; en los cuales clavaron a cada extremo retratos de cada Beato; y pintado sobre el rostro de Jonás, cuernos y barbas a semejanza del maligno. Y así la llevaron penosamente (simulado) al paso de los campos, y en una plaza pública frente a un tumulto, la sometieron al fuego[184].

Después de aquel lugar, entraron a la comarca de Phismen, tierra de Visél. Nuevamente recibidos a insultos por el pueblo y amenazas de muerte. Tanta era la locura, que Los Beatos no podían ya siquiera asomarse a las ventanas y no salieron a las calles sino dentro de carrozas de pared gruesa. Así, llegó la hora de su presentación. Y al ir, la gente en las calles les gritaba injurias, unos chicos hasta llegaron a la carroza y se pusieron a tirarles de piedras y les escupían a las ventanas. Pegados a los vidrios les mostraban los dientes; y su mirada era como si combatieran al demonio mismo [185].

Aquí otra vez salieron los CuCos, y uno acercándose a un escribano que andaba, se puso a contarle: "Hemos pensado tácticas, somos una organización de terror" "¿De terror, dice?" "Los Beatos son blasfemia y haremos lo necesario para detenerlos". Por su parte, otro escribano detractor, entrado ya en el Estadio, reportaba: "¡Oh! Ayer

---

183 La famosa Neo-Adivina que predijo la muerte de Kenn, dijo por ese tiempo que Los Beatos caerían del cielo.

184 Un día antes, un pastor de la comunidad del Presbiterio, desde su púlpito decretó pena de expulsación a cualquier miembro de la congregación que atendiera a

los próximos conciertos; pensó con esto que no volverían a ver jóvenes apiñados en los estadios, por Los Beatos. Tres días después derogaron el castigo.

185 Y ya al irse yendo de esa comarca, otra horda de jóvenes sobrepasando los guardias treparon con arrebato hasta las alas del águila donde estaban, y con envases de vidrio (de un liquido negro) se pusieron a golpear las ventanillas tratando de romperlas.

sesenta mil (venían a verles); hoy, a los otrora magníficos, miles de vacíos (asientos)".

Luego se fue por las gradas y se puso a preguntar insidiosamente a las muchachas: "Decirme ¿estáis aquí por usanza o porque en verdad os agradan? ¿Creéis que han perdido gloria? ¿No crees que han pasado? Decidme de verdad: ¿qué grupo te place más que estos? ¿Cuánto más creéis que estarán todavía?" y luego le preguntó a los muchachos: "¿No crees que estos son más bien asunto de chicas?"; todo esto pretendiendo que dudasen. Mas de cada uno, en vez de dudas escuchó afirmaciones. El muchacho le dijo: "Son grandes y entonan sabiduría, para varones y doncellas" y las muchachas: "Estamos porque en verdad les admiramos" "Siguen tan fuertes como siempre" "Nunca, nunca estarán fuera de usanza" "Me placen por sobre todos los demás" Y la última le dijo así: "Mientras sigamos escuchándoles vivirán. Cuando les escuchamos olvidamos nuestras tribulaciones. Espero que estén por siempre, así podrían llevar gozo a todos". Y con esto el escribano calló.

Estando cerca la hora, los CuCos habían apostado ya a las afueras del coliseo una provisión de piedras y hasta truenos. Mas los seguidores al ver esto les echaron de ahí[186]. Una vez dentro[187], ya en el tablado, entonando temerosos, un trueno retumbó por toda la arena[188].

Tres días después de esto, salieron a los escribanos. Y muy fastidiados por cuanto sucedía, ahora se pusieron ya abiertamente a hablar sobre Namviét. Los escribanos les preguntaron: "Decidnos: ¿Qué razón os merece Namviét?" preguntándoles esto para tentarles. Y si a Visél no podía preguntársele sobre el color de una corbata, a Los Beatos (a los veinticinco), les era pedida respuesta sobre la circunstancia del mundo. Y entonces habiendo antes discernido no callar más, se pusieron a decir comenzando Polo: "Pensamos que lo que hace el Imperio es equivocado. Habrá a quién sí pero a nosotros no nos agrada la guerra" mas los escribanos continuaron inquiriéndoles: "Formulad más

---

186 Incluso prendieron a algunos y los entregaron a la Comandancia. Que les dejó ir luego.

187 Nitrám notó que desde cualquier parte bien podrían dispararles.

188 Se estremecieron. Quedaron al punto paralizados y se voltearon a ver uno al otro, pensando que uno había sido herido. Pero si suspendían la prédica, probablemente se desataba una estampida fanática. Y mientras unas mantas en la calle decían: "Váyanse a su casa" otras colgadas dentro del estadio decían "Jonás salva", pero él mando a que las quitaran.

sobre ello" A lo que entonces Yorch respondió: "No busquéis más argumento, pues no precisa más formulismo. Solo pensamos que todo ello es errado" Y Jonás les dijo: "¿Por qué buscáis respuesta en nosotros? Es tonto ser Unionense y no tener opinión sobre Namviét" Los escribanos le respondieron: "Dinos entonces que habríamos de hacer" más él les dijo: "Es estrategia de ustedes buscar consenso en otras gentes; mas si no gustan lo que oyen, de inmediato dicen que no se puede juzgar al mundo a menos que se sea Monje". Al oír esto ellos le dijeron: "¿pero quién os da autoridad para decir estas cosas?" Mas él les dijo: "decidme primero: ¿Con qué autoridad ocupan ustedes las naciones?" Ellos le dijeron: "No te decimos" él les dijo: "Así tampoco yo os digo". Al saberse esto en la nación, por primera vez muchos otros se atrevieron a hablar en contra del Gobierno, y esta fue la hora donde le abrieron a Jonás expediente[189].

El último día, aparecieron por San Florisco. Los treparon atrás de una carroza metálica vacía sin asientos y cada que viraba, ellos dentro resbalaban y daban tumbos de un lado a otro aferrándose a lo

que pudieran. La carroza era así, porque era para trasportar oro. Eso fue lo bastante de lo suficiente, exclamo Yorch: "¡Malditas las giras, estoy harto!". Y en ese momento, no quiso ser Beato más. Así, el grupo más aclamado de todos los tiempos, ya no pudo salir ante la gente; por tanta su gloria fueron forzados a retraerse. Nunca antes para nadie, cantar fue tan riesgoso. Con eso les dejaron y volvieron a embarcarse a su país. Y Brandon cayó enfermo de agotamiento.[190]

5 DE REGRESO a Terraingla, buscaron a los escribas para hablar; Jonás dijo: "allá se toman las cosas terrible de serio. Primero te matan y luego se dan cuenta que no era tan importante. Creo que tanto Súsej como otros, están diciendo lo mismo. Creo en todos sus preceptos sobre amor y bondad

189 Temieron que avivaran las revueltas ya en curso, que fueran una amenaza para las creencias (políticas) de los hijos de la Unión.

190 Al final, este asunto del profeta fue confirmación de renaciente extremismo. Poder de propaganda para dictar conciencia a los gregarios. Confirma de propensión del Imperio al rigor religioso. Convicción de que la doctrina fundada sobre el príncipe de la paz, que mandaba amar al enemigo, era ahora ocupada por hombres que no transigen la disensión sino con furia y amenaza. The Gospel According to The Beatles. Pág. 31. "Abarcáis el cielo y la tierra para hacer prosélitos y cuando lo conseguís, no os contentáis hasta que les hacen dos veces más locos que eran cuando descreídos". Mat. 23.

de los cuales ninguna doctrina tiene por exclusiva, pero no en todo lo que dicen que dijo o hizo. Si mas control se deriva de que Súsej sea más popular, entonces no lo quiero. Mejor sería que nos siguieran, aunque pasaran sus días solo entonando y danzando. Si en verdad se interesaran en lo que Súsej dijo, estaríamos con vosotros. Cierto estoy que muchos entre ustedes comparten en secreto esto que les digo. No nos importa lo que la gente piense o diga de nosotros. Es legítimo a cada uno asentir o avergonzarse de cómo nos vemos o lo que decimos; así como también para nosotros avergonzarnos de ellos ¿verdad, Jarro?"[191]. De ahí, agarraron por primera vez cada uno por su lado.

6 AL MES NOVENO, Yorch y esposa se fueron a la India, y se quedaron como un mes. Se hospedaron en Miracache, en una casa flotante sobre el río Gesgan, al medio de los montes Layahima. La India le pareció un lugar de fantasía y sentía como si en verdad hubiera venido atrás en el tiempo. Iban a todas partes y nadie les importunaba. Visitaron todos los templos.

Un hermano del Ravi le dio un ato de libros antiguos escritos por hombres sabios. En uno de ellos se leía: "Si hay un Dios debes verlo y si hay un alma debes sentirla, pues más te valdría no creer. Es mejor ser un sin-Dios que un hipócrita". Y pensaba para sí: "Esos Susejianos no son de verdad; piensan que tienen la exclusiva sobre él, mas muchos de ellos no reflejan sus enseñanzas. Siempre están diciendo que creamos en lo que ellos dicen, en vez de pasar por alguna experiencia directa". Y por todo esto deseaba Yorch profundizar en su estudio.

Un día lo invitaron a una boda cuya fiesta ocupaba como cien acres, como cien hombres santos acudieron y más de mil gentes vinieron, y comieron todos. En Terra-Vieja les habrían considerado vagabundos y los arrestarían, pero ahí podían ir a donde quisieran[192]. Yorch pensó: "Ahora sé que no soy solo un número". Esto lo dijo porque en ese tiempo, toda persona en Occidente estaba enumerada[193].

---

191 "Por todo aquel que se declare por mi, yo también me declararé por él, pero a quien me negare, le negaré yo también". Mat. 10:32. Jarro era el Primado entonces del Reino. Y por esto perdió al reelegirse.

192 Que no tenían trabajo, número de seguridad, que ni-siquiera nombre propio.

193 Que el día que llegaron a NK lo primero que les preguntaron fue su número de seguro.

Capítulo 27

1. *NADIE pienso está en mi atril. Digo, debo estar alto o muy bajo194. Puedes conmigo entonar y está bien, no creo que eso esté muy mal*

Diciendo esto, se quedó quieto y luego volvió:

2. *Vivir es difícil a ojos abiertos, comprendiéndo lo que se ve. Difícil es ser alguien, mas todo funciona. No me interesa mucho a mí*

Se detuvo otra vez, y continuó:

3. *Siempre, no a veces, pienso (el mundo) se refiere a mí (que yo soy); pero sabes que sé que es solo ilusión. Pienso que sé y digo ¡Oh bien! pero luego no. En eso desacuerdo195*
4. *Déjame llevarte porque estoy bajando. Nada es real y nada hay para asirse.*

Y aunque hablaban veladamente de estas y otras cosas del mundo en sus salmos, ellos no dirían: "Hablo así para que por más que miren, no vean; y por más que oigan, no

entiendan" Jonás dijo: "Debéis comprender que no podemos seguir diciendo las mismas cosas. Detrás de esta apariencia hay en mí un hombre que ha vivido cien años. Pero que al mismo tiempo sabe muy poco". La gente se preguntó: "¿Cómo dice: 'he vivido como cien' Cuando conocemos que siquiera llega a treinta?"

En aquel tiempo surgieron grupos con nombres muy estrafalarios, de modo que Pol pensó: "Si yo tuviera una banda ¿qué nombre le pondría?" Y por primera vez, La Roca fue aclamada como arte[196].

1. *Hemos estado hablando de la distancia entre nosotros y la gente que se esconde detrás de paredes de ilusión. No ven la verdad hasta que es demasiado tarde*
2. *Hemos estado hablando del amor que todos podemos compartir. Cuando lo encuentres trata lo mejor por guardarlo. Con nuestro amor*

---

194 Porque no decía: "Vosotros sois de abajo, yo soy de arriba; vosotros sois de este mundo, yo no soy de este mundo". Ju. 8:23

195 Porque no quería decir: "Porque si no creéis que yo soy, (en vuestros pecados) moriréis". Ju. 8:24

196 "'El Sargento' Las letras de todos los salmos que contenía fueron transcritas casi como fijando estatus de texto sagrado y fueron estudiadas con intensidad talmúdica por sus prosélitos": The Gospel According to The Beatos. Pero también por primera vez un salmo de ellos fue abiertamente censurado. Porque decían: "me encanta prenderte. Tuve una fumada y me fui en un sueño" y porque el sonido mismo era una provocación a la psicodelia.

una guerra que todos ellos consideraban injusta y vil. Y muchos se arrancaban las medallas de honor que el Imperio les había concedido y públicamente las lanzaban al fango de los cerdos y al fuego, profiriendo ofensas. Y todo esto lo hacían porque profundo en su corazón sabían que les habían mentido vilmente. Y por causa de todo lo que estaba pasando, muchos se contrariaban perdidamente y lloraban amargura por la hipocresía de un sistema de cosas que en la niñez les da la enseñaba: "No matarás" pero les exigían matar y morir por su nación, no importando asesinar niños, mujeres y ancianos.

[205]Y rechazaban el orden establecido y percibían la necesidad de una transformación radical de la sociedad. Y por el tiempo que duraron, no tuvieron propiedad privada y se ministraban colectivamente. Y deseaban separarse de la sociedad, pues deseaban vivir a su modo y tener sus propias prácticas religiosas. Y entre ellos, la mayoría eran soñadores que imaginaban la sociedad de un modo diferente y mucho mejor, y mediante ellos, destacaban los defectos de las instituciones. Y aunque profundo en su corazón, sabían que no lograrían cambiar la sociedad, sí pensaban que los pequeños cambios llevarían, al tiempo, a una transformación. Además no quisieron pagar el precio que cobran por recibir los beneficios, por ejemplo ir a la guerra.

1. *Si vas a ir a San Florisco, asegúrate usar flores en el pelo; si vas a San Florisco gente gentil encontrarás*
2. *Para esos que vienen a San Florisco, el verano (este) será un amorío*
3. *Todo a través de la nación, extraña vibración, de la gente emoción; entera generación con nueva explicación*
4. *Para esos que vienen a San Florisco, el verano será un amorío.*[206]

---

205 Plamenatz. Karl Marx y su Filosofía del Hombre. Págs. 217 y 230
206 Por todos esos que vinieron, gran problema fue. En cierto momento habían bajado del Norte y venidos del Este y Sur, como 250 mil. Caminaban por las calles porque no cabían en las banquetas. Para todos esos que iban a San Florisco, pusieron oficinas de información para los recién llegados, se les instruía sobre cómo enfrentar las diferentes sustancias, enfermedades y a la autoridad. Pronto el suministro de cáñamo se agotó y llegó el crimen y las sustancias duras. Hubo un momento que toda la gente en la calle estaba mareada. Que en esos días no hubo un solo gato que rondara las calles, que todos se los habían comido.

Capítulo 27 III

A PRINCIPIOS del mes octavo, Yorch y su esposa, fueron hasta la región de San Florisco de Califas, a ver ellos mismos cómo era que vivían los de la cofradía de los Felices. Esperaba Yorch ver un paraje de jóvenes haciendo arte y teniendo despertares espirituales[207].

Pero mientras se iban acercando, comenzaron a ver una zona de arrabales, habitada por una comunidad de jóvenes que se veían como extraviados; inmóviles y tirados en las esquinas, mareados fuera de toda comprensión. Otros iban descalzos, mendigaban y sus ropajes estaban sucios. Como trescientos pies antes de llegar al bosque de nombre La Puerta de Oro, detuvieron la carroza y bajaron caminando hasta la arboleda. Llegaron en disimulo pasando entre la gente. En eso, se encontraron un muchacho con una lira y dirigiéndose Yorch a él, se la solicitó; pulsó algunos sonidos y la regresó. Pero entonces, una muchacha que estaba, que le reconoce al momento y que se pone a dar voces: "Es Yorch, Yorch de Los Beatos está aquí". Y en un momento esta noticia se esparció por todo el bosque, que él estaba entre ellos. Y pronto ya le rodeaba una multitud como de trescientos Felices. Y aún viéndole no creían, pues sumergidos en visiones, veían como si verdaderamente hubiera venido El Salvador; azorados se decían: "Ha venido a mostrarnos el sendero". Olas de jóvenes de larga cabellera se abrían a su paso. Uno se acercó y le dijo: "Tú eres nuestro guía" muy sorprendido Yorch le respondió: "Yo no soy" el hombre insistió: "Sí, tú eres, hombre" apenado Yorch repuso: "Eres tú quien debería guiarte. No yo o quien sea".

Le pusieron otra lira a las manos y la muchedumbre se puso a corear: "Toca, toca". El gentío le estrechó, Yorch devolvía la lira con muchas disculpas pero ellos le regresaban. Intentó entonces entonar uno de los nuevos salmos que se llamaba: "Eres un hombre rico" mas al ver la pobreza que le rodeaba, la regresó.

Volviéndose de la muchedumbre, se enfilaron hacia la carroza. Al ver la multitud, se oyeron abucheos y comenzó a volverse como una turba. Se pusieron a seguirles y pronto era ya un tumulto el que iba detrás de ellos, el séquito comenzó a caminar más aprisa hacia fuera del bosque[208]. Y

---

207 Llevaba lentes oscuros, en cristales en figura de corazón.

208 Y como la muchedumbre no se despegaba, comenzaron a correr; y la gente tras ellos.

entonces en eso, uno que le ofrece una sustancia. Yorch se afirmó y les dijo a los que podían oírle: "Pasen de mí sus sustancias. Esto no es la respuesta. Han torcido el espíritu y les he encontrado como puño de marginados convertidos en el embotado y el bebedor que repudiaron de sus padres". En ese momento conoció Yorch en lo que había venido el culto a las sustancias.

Al volver a su casa, escribió:

1. *Una niebla cubre El-lei. Mis amigos ha perdido la fe*
2. *Dicen que pronto lo encontrarán, pero en vez, ahora se han extraviado a ellos mismos*
3. *Os he mostrado por donde ir, si no, los soldados os lo van a decir*
4. *(Por favor) no tarden, no tarden mucho; no tarden, no tarden mucho o me quedaré dormido.*

A partir de aquí, fue Yorch por la meditación. Y un día de esos, precisó: "Necesito un Mantra" y luego se dijo: "Pero no puedo ir al mercado y comprar un Mantra, cierto?"

2 "EL AMOR ES LA EXPRESIÓN dulce de la vida. Es el contenido supremo; poderoso y sublime. La flor de la vida se

abre en el amor e irradia amor alrededor". Así llegó diciendo a Dreslón un hombre venido de las regiones remotas de Oriente, tenido por Mago; como de cincuenta años de edad y con el pelo más largo que se haya visto jamás en el Reino en un hombre. Se llamaba Rishimaha Shimahe, también conocido como El Maha.

Así, al mes octavo del veintiocho, Los Beatos fueron al hostal donde el Maha daría una lectura. Al verlos llegar los escribanos, se fueron a peguntarles: "¿Qué buscáis en este hombre?" Jonás les respondió y dijo: "Los jóvenes (de esta generación) buscan respuestas que el Templo no les ofrece, que sus padres no les ofrecen, que los bienes (materiales) no les ofrecen" y Yorch: "La religión está aquí y ahora, no solo es algo que se hace los días primeros. Muchos creen que si no van al Templo, Dios irá por ellos"

Luego terminada la lectura, los pasaron a él por detrás del estrado, y al saludarlo, lo primero que Yorch le dijo fue: "Denos un mantra", y Rigo estaba impresionado porque el Maha sonreía todo el tiempo. El Maha les dijo: "Venid mañana a las afueras y os enseñaré a orar". A la mañana siguiente una vez puesto el sol, llegaron Los Beatos a la estación, ataviados de indumentaria tan colorida que parecían magos, y se fueron a estudiar con el Maha.

Pasados tres días, terminado su seminario, se acercaron nuevamente los escribas, y al oírlos quedaron asombrados por las palabras que ahora Los Beatos les dijeron: "La oración es como un lienzo que se sumerge en oro liquido. Si se queda dentro, permanecerá empapado y nadie podrá verlo; si se deja afuera, al tiempo perderá su luz. La oración es constante entrar y salir. No hay que ir a ningún lado pues la verdadera oración no precisa exigencia de espacios o ciudades santas. Tampoco precisa abandono de los sentidos ni ser anacoreta, de modo que llegues a ser tozudo. Si te pidiera que reces todo el día entonces sí sería peligroso. No es nada nuevo, es el mismo mensaje de todos los profetas y religiones. En todas puedes encontrar respuestas pero no creas en divinos ni superhombres" Jonás les dijo.

Yorch: "No conozco a nadie (Susejiano) que tenga conocimiento suficiente profundo de Dios como para hablarlo en palabras de hombre. Los principales del Templo nos ofrecen sinrazones que ni ellos mismo comprenden. Nos ciegan con la ignorancia, igual como hacen los gobiernos y consideran que el poder (que la gente les ha otorgado) es razón suficiente para no cuestionar nada de lo que dicen. Es como: "No sabéis nada de Súsej o Dios porque somos los únicos que poseemos la franquicia"

Les volvió a decir: "El reino de Dios es como dos personas uno fuerte y uno débil que intentan levantar un gran peso. Aunque ambos tienen voluntad de hacerlo solo uno lo logra porque manifiesta capacidad para hacerlo. Mirad a las abejas que se acercan a la flor para recoger polen y luego que lo consiguen buscan otra que tenga más. La tendencia natural de la abeja consiste en buscar más néctar. Así la tendencia del alma es buscar siempre una experiencia mejor. Así es quien está en búsqueda de Dios. En la vida nos dejamos llevar por nuestros sentidos y nuestro ego, buscando experiencias nuevas, porque sin experiencia no hay conocimiento y sin conocimiento no hay liberación. Pero por el camino nos entrelazamos con la ignorancia y la oscuridad debido a nuestro ego y a nuestra relación con la energía material. Así pues, aunque estamos hechos de Dios, no podemos reflejar a Dios debido a la contaminación que se ha acumulado por el camino, y expulsar eso de nuestro sistema es toda una hazaña. La oración se hace para liberar toda obstrucción, de modo que cuando se elimina

siguiente, poniendo a Jonás frente, llegaron a donde el Maha y le dijeron: "Nos vamos" al oírlo el Maha se turbó y les preguntó por qué "si eres tan cósmico deberías saberlo" Jonás le respondió. Esto le dijo porque sus sirvientes en verdad creían que podía leer los piensos. Al verse descubierto, entonces le increpó: "¡Maldito! te destruiré"

²¹⁵Y mientras bajaban, le vino este otro salmo a Jonás:

1. *Maha: ¿Qué has hecho? Hiciste el tonto de cada uno, hiciste el tonto de cada uno*
2. *Maha, rompiste las reglas. Lo dejaste claro para que todos lo vieran. Lo dejaste claro para que todos lo vieran*
3. *En día soleado el mundo esperaba un amante. Solo vino y provocó a todos*
4. *Maha, Grandísimo...*
5. *Maha ¿Cómo supiste? el mundo esperaba solo por ti, el mundo esperaba solo por ti*

6. *Dimos lo que teníamos solo por sentarnos en una mesa. Una sonrisa lo habría iluminado todo*
7. *Maha, Grandísimo...*

Pero de regreso a La Abadía, Yorch le pidió: "Pero no digáis: 'él' sino: 'ella'".

²¹⁶Pasados tres meses en esas tierras, regresaron a su patria y de inmediato fueron a ellos los escribanos y muchos jóvenes esperaban que volviendo de la montaña, les dictarían el sendero. Mas en cambio, Jonás les dijo: "Fue un error. Creemos en la oración pero no en Mahas ni tinglados. Necesitábamos un guía y le supusimos toda virtud. Hicimos de él la misma idea que la gente (hace) de nosotros. Nunca diríamos que no oréis, pero tampoco estamos tan lunáticos como para levantar un palacio a ese honor; hay otras formas de ayudar". Pasadas estas cosas, menos creyó Jonás en figuras de padres.

2 AHORA BIEN, desde principios de este año, en muchas partes del mundo los tabloides se llenaron de sucesos de revueltas de guerra y anti-guerra, confrontación entre razas, revoluciones y muchas

---

su cuerpo.
215 De inmediato, Mal se despachó al pueblo más cercano buscando coches para irse y hasta ofrecía comprarlos solo por la ocasión; pero nadie le ayudaba, pues para entonces se había difundido a esa gente que el Maha había mandado maldición a quien osara auxiliar a estos extranjeros. Mal consiguió unos y abordando todos sin dilación, otra vez debieron salir despachados de otra nación.

---

216 Nunca antes habían estado tanto tiempo ausentes. La falta de noticias sobre ellos tenía a los jóvenes en suspenso.

cosas de estas[217]. Discípulos marchando contra soldados. Escribanos, hombres de libros, gente ordinaria hablaban en las calles de Revolución, que era inminente, una grande; y hasta sacerdotes mismos se adscribieron a ligas guerrilleras. El mundo tomó partido, se radicalizó y Los Beatos fueron traídos a ello. Así, vino a presión saber en qué postura estaban: ¿o por la revolución o por contra?[218] Así que llegado el tiempo, les pareció propicio hablar al respecto. Y entonces, agarrando fuertemente sus liras y a redobles de Rigo, se pronunciaron de esta manera:

1. *Dices queréis una Revolución. ¿Que estás por la evolución? Bueno, sabes?, todos queremos el mundo cambiar*
2. *¿Que tenéis la real solución. Bueno, sabes?: queremos ver el plan. Pero si pides contribución para gente que odia, tendrás entonces que esperar*
3. *Cuando habléis de destrucción ¿sabes que conmigo no contarás? ni tú sabes como todo va ir, (yo te digo que) todo irá bien*

4. *¿Que cambiaréis la Estamentación? Bueno, nosotros queremos cambiar tu mente. ¿Que porque eso es la institución? Primero libera a ti mismo en vez*
5. *Pero si andas cargando efigies del jefe Mao, no tendrás nada con nadie en ningún lado*
6. *¿Sabes cómo todo va ir?*

Y terminaba Jonás gritando:

1. *Todo bien, todo bien ¡Todo bien!*

Y otra vez, uno de sus salmos vino a confusión. Esto era porque en esos días no se concebía Revolución sino mediante el acicate de las armas. Tanto los partidarios Rojos como los Azules le tomaron por iluso. Muy contrariados, salieron Los Rojos a su casa y llegando se pusieron a decirle: "Maestro: ves la guerra y el motín que nos arrecia ¿y dices: 'todo ira bien'?" otro dijo: "Antes pensamos que estabas con nosotros ¿pero ahora dices: 'Cuando hables de destrucción no cuentes conmigo'?"

Se sentó Jonás entre ellos y les dirigió la palabra: "Estas letras que he dicho no pasarán pronto. Os repito: Quiero ver el plan. Cuando somos jóvenes nos decantamos por la destrucción, pero lo haríamos solo por sí, por saquear. Lo de destruir el sistema no es nada

---

217 El año más violento desde la gran guerra. Nunca antes tantos prisioneros por conciencia.
218 Huestes izquierdas incluso demandaban a Los Rodantes y Los Beatos que les soportaran sus causas.

nuevo ¿y a dónde ha llevado?: al principio; todas han vuelto a similar Estado. El Susejísmo, el Rojísmo y el Dinerísmo estuvieron bien pero fueron torcidos por líderes ansiosos y mentes distorsionadas; mas no esperéis que porten un cartel: 'yo soy'"

"No se consigue paz por violencia. Mostradme una (revuelta) que haya funcionado y diré: ¡Vale, Vayamos! pondré todo patas arriba" Y nadie podía mencionarle ninguna. "Decís: 'Para cambiar al mundo una vez entendido lo mal, a destruirlo, sin compasión', cierto? Pues os habéis aficionado a la violencia. Yo os diré lo que anda mal: la gente ¿Les destruiréis entonces, sin compasión?"

"Pensad: ¿Qué haréis después que hayáis tirado todo? ¿Nada puede volver a servir? ¿Quién comandará la destrucción? ¿Qué pondréis a cambio?[219] Los más fuertes llegarán primero y volverán al mismo sistema por el que los próceres dieron la vida por derrocar. 'Ora: ¿Vosotros cambiaréis el mundo? pero si no sabéis siquiera organizaros, se lanzan unos contra otros; y si continuáis en ello, vuestro movimiento morirá luego de nacer"

---

219 "Ni aún bombardeando W. Street conseguiréis cambiar el sistema de cosas"(!)

"Lo que digo en este salmo es elevad vuestros piensos. No (pensad) solo en nuestra labor o pueblo, intenta por todo el mundo. El único modo de asegurar una paz duradera es elevadnos en pensamiento, no hay otro sistema. El Gobierno nos inculca cosas con propaganda ¿Por qué vosotros no? El sistema existe y no existe, es esa gente vieja. Si queréis cambiar el sistema de cosas, entrad en ello y así un día vosotros seréis el sistema"

"Dicen también: 'Dad poder al pueblo', cierto? Insensatos: El pueblo es el poder. Despertadlo, ellos son el poder. Señalad a los publicanos hipócritas que se eluden diciendo: 'Oh, no podemos hacer nada al respecto, depende de otras personas'. Pero la Revolución violenta no justifica el fin. Si os esforzáis lo bastante tendréis una revolución pacífica" Y terminó diciendo: "No esperéis por mi en trincheras, a menos que sea con flores"

Sin embargo, una vez que se marcharon de su casa, volvió sobre este salmo y a: *"¿sabes que no cuentas conmigo?"* agregó: *"y sí"*, y así lo volvió a sacar. Y otra vez que lo oyeron, vinieron ahora los partidarios Azules: "¿Qué decís ahora? antes dijiste: No. ¿Estáis entonces por la violencia?" Para acabar la discusión él les dijo:

"Significa que puedo cambiar, soy humano sabes?"

3 PARA EL MES SÉPTIMO, por primera vez, un plato no fue suficiente para contener un grupo de Roca[220]. La compilación no tenía ninguna letra y era solo blanco por los dos lados.

Yorch propuso estos:

1. *Os veo a todos hoy, veo el amor que está durmiendo. Miro al suelo y veo necesita limpieza*
2. *No se cómo nadie te dijo cómo desplegar tu amor. No se cómo te controlan, te venden y compran*
3. *Miro al mundo y veo que esta girando. De cada error debemos asegurar enseñarnos. No se cómo fuiste divertido, fuiste pervertido*
4. *Os veo a todos hoy, veo un amor que está durmiendo. Mientras mi lira gentilmente llora.*

1. *Ha sido un largo, largo, largo tiempo ¿Cómo pude haberte perdido?*
2. *Ha tomado un largo, largo, largo camino. Ahora soy tan*

feliz: te he encontrado. Cómo te quiero
3. *En muchas lágrimas he buscado, muchas lágrimas tirado, oh, oh*
4. *Ahora te veo, se tú. ¿Cómo pude haberte mal-puesto? Cómo te quiero, cómo te necesito, sabes te necesito[221].*

El día que Jonás cumplió veintiocho años escribió este:

1. *Estoy muy cansado, no he dormido un pestañeo. Estoy muy cansado, mi mente desvaría*
2. *Me pregunto si debiera levantarme y tomar de ese cáliz, no, no, no. Estoy muy cansado, no se cómo hacer; mi mente esta puesta en ti. Me pregunto si debería llamarte pero no se qué harías*
3. *Te daría todo lo que tengo por un poco de paz (mental).*

Otra ilustración les dijo:

1. *Sí estoy solo, quiero morir. Sí estoy solo, quiero morir. Si aun no estoy muerto, mujer tú sabes bien por qué*
2. *En la mañana, quiero morir; en la tarde, quiero morir. Si aun no estoy muerto, mujer tú sabes bien por qué*

---

220 En tiempos en que ya no solo uno, sino que un disco doble era exclusivamente reservado a las grandes artes. Por otro lado, asombro de prolífico, treinta salmos.

221 Pensaban que pudiera referirse tal vez a su esposa, pero se refería a Dios.

ellos todavía en cama, vino de prisa un sirviente y les dijo: "La guardia está afuera, vienen a entrar" Y entonces, que antes que se hubieran vestido, por uno de los ventanales apareció un agente dándole con el puño a los vidrios y gritando: "Abrid de inmediato. Orden del Reino" Para entonces, habían copado la casa y hasta trepaban ya los paredones. Y al ver todo esto, salió Jonás y les dijo: "¿Como cuarenta vienen por mí? ¡Hubieran traído todo el regimiento!"[227],[228]. Y a los pocos minutos un cierto comandante de nombre Píncher, salió con una bota de cuero llena de opio, y con esto les incriminó.

Los llevaron atados de manos y los presentaron a la casa de La Corte. Sombra de miedo y escarnio cubrió a los jóvenes del mundo. Para entonces, una multitud se había reunido a las afueras de la Comisaría y se apiñaban por verles salir, mientras voceros narraban al pueblo suspenso. Jonás y Koyo fueron llevados ante los Jueces[229]. Y al ir salir a la calle custodiados de la gente, una muchacha alzó la voz e increpó a Koyo ofensivamente.

5 'ORA, VINO TAMBIÉN

A SUCEDER al sur de Califas, tierras del Imperio, un joven de nombre Sonman. Sonman conoció prisión como desde los doce; y por las muchas cosas que hacía, más de diez años pasó encerrado. Un día, tomó a leer el libro de los arcanos, y no pasó mucho tiempo que entonces lo hizo para sí, comenzó a leerlo de constante; así estando en prisión, un día se declaró Susejiano Renacido. Sonman era también ferviente prosélito de Los Beatos, y había descifrado que su venida estaba anunciada desde el libro de Las Revelaciones[230].

Como muchos otros antes, Sonman dedujo que estaba próximo el tiempo de la última batalla; el fin de los tiempos. Pensaba incluso que daría comienzo en La Unión misma. Y así un día leyó esto: "Inmediatamente, en la tribulación de aquellos días, el sol se obscurecerá... las estrellas caerán del cielo y las fuerzas...serán sacudidas... entonces aparecerá en el cielo la señal y entonces se golpearán...

---

227 "Cada día estaba con vosotros... y no me prendisteis ¿cómo contra un ladrón habéis salido a prenderme?" Mt. 14:48 y Lu.22:52.

228 Que todo estaba dispuesto para gran escándalo. Tras de los gendarmes venía una docena de escribanos y retratistas. Perros incluso llevaron a olfatear.

229 Se les acusó de posesión. Jonás alegó que no la llevaba consigo, sino que estaba en su casa. Pero la ley consideraba que tenerla significaba que podía traficar. Jonás el traficante.

230 "Cuatro ángeles en pié sobre los cuatro ángulos de la tierra"

las razas..."[231] y entonces no le dejó a lugar a duda: Se desataría en forma de conflagración de razas y se extendería por toda la nación. En su visión los morenos se alzarían a la opresión de los pálidos y los barrerían hasta echarlos del poder[232].

Pasado otro año, salió libre siendo como a la edad de treinta. Y no pasó mucho otro tiempo, convenció de su visión a unos jóvenes, los cuales se bautizaron con el nombre de La Familia. La Familia se retiró a vivir en comuna a un lugar desértico en tierras del sur de Califas, cavaron cuevas y se apartaron de la gente; ahí se esconderían mientras pasara la gran tribulación. Esto así según otra escritura: "Y la gente entrará en las cuevas de las rocas y en los agujeros del polvo, a causa de lo pavoroso de Dios cuando se levante para que la tierra sufra sobresaltos". El día que los platos blancos salieron, uno de sus discípulos los llevó ante él y se puso a escucharlos diligentemente.

Y ¡Mira! Una vez que los escuchó enteramente, se desquició.

[233] Balbuceando tomó Las Revelaciones y buscó el capítulo nueve, y mientras escuchaba este salmo (único sin letra ni armonía), comenzó a leer: "Y del humo salieron langostas sobre la tierra; y se les dio el poder..." De langostas, dedujo a insectos y luego a bichos(!). Luego leyó: "...sus caras eran como caras de hombre y tenían cabello como cabello de mujer..." Conmocionado de sobremanera, se fue justo al 9:9 y leyó: "El ruido de sus alas era como el estruendo de muchos

_____

231 Mt. 24:30
232 Pero convenientemente vio también que una vez asentados estos en el poder, les vendría desinterés por llevarlo y que al tiempo lo abandonarían. En ese momento él tomaría cargo y desde ahí conquistaría al mundo. Por otro lado suponía que los blancos advertirían esto a tiempo y tomarían venganza anticipada; así sería el comienzo.

_____

233 Al oír "Cuervo" temió de que LB urgían a los morenos hacerlo que toda su vida habían esperado: levantarse. Cuando oyó "Desorden" le vino confirmación que la confrontación estaba "descendiendo rápidamente" y que en las letras: "Llego arriba, luego voy rápido abajo; dime, dime la respuesta" se dirigía Pol a él y su Familia entrando y saliendo de las cuevas mientras en la superficie habría guerra. A la sazón, este salmo era tenido por oscuro e incitador de anarquía que por la referencia a ascensos y caídas de poderes. De "Puerquitos" tomó que dar a esos Puerquitos un maldito buen suicida. Luego escuchó: "La Felicidad es un arma caliente" lo cual les significó que habría que mantener las armas en uso. En "Revolución 1", Jonás le conminó a ver pues el plan, y cuando escuchó la #9, ya entrado en locura, interpretó que en verdad se llamaba "Revelación 9". The Gospel According to The Beatles.

carros corriendo a la batalla..."
dedujo que el estruendo era el
sonido férreo de las liras y de las
multitudes tras de ellos en sus años
de peregrinación; que se refería a
la revuelta que habían traído. Y al
último leyó: "...y fueron desatados
los cuatro ángeles que estaban
preparados para la hora, día, mes
y año a fin de matar..."

Estos salmos, parecieron a
Sonman "el llamado": Que él
debía propiciar el gran cataclismo.
La furia del maligno entró todo en
él, y cayó al suelo tomándose de la
cabeza, postrado su rostro al piso.
Y terriblemente conmocionado
como estaba, otra vez balbuceó:
"Me conminan a homicidio, ¡Los
Beatos me urgen al fin del mundo!"
Y entonces le vino incontinencia.
Y muy turbado en espíritu se
preguntaba repetidas veces: "¿Por
qué sino Jonás ha puesto armas de
fuego, ruido de puercos y el grito
de él mismo diciendo: Alzaos,
alzaos ¡alzaos!"? Así pasó en su
cueva tres días sin salir, repitiendo
incesante los platos blancos[234].

[235]

---

234 "El hombre bueno, del corazón saca
lo bueno; y el malo, lo malo. Porque
de lo que rebosa el corazón habla la
boca"

235 A los días de esto, se divulgó una
cinta de un director de nombre
Lanskipo, llamada "La Semilla del
Diablo" trataba sobre las sectas
que por ese tiempo comenzaron
a pulular en el Imperio que daban
culto a la magia negra y al demonio;
y entonces al ver la cinta se sintió
Sonman descubierto y juró vengarse.
Por cierto, la trama se desarrolla en
un antiguo edificio de Nueva Kroy
llamado El Kótada.

Capítulo 29

A PRINCIPIOS del vigésimo noveno, quisieron aparecer una vez más ante el pueblo, pero no atinaban cómo o dónde. Unos opinaban que en un salón Real, otros que al medio del desierto, otros que sobre un barco; entonces uno sugirió que solo subieran a la azotea. Así, el último día del mes primero por la mañana, todo fue dispuesto, y sin más que un tablado y la audiencia que pasara por la calle, se colgaron sus liras, tomaron posiciones y entonces un sonido fuerte vino por sobre La Abadía.

Los primeros que pasaron, muy azorados se paralizaron y caminando lento, volteaban al cielo; pues aunque no les veían, conocían bien quienes eran, y se detuvieron a la banqueta. Pronto una poca gente, disimulada estaba ya junta abajo parados al frente apuntando arriba con el dedo. Las asistentes de los juristas, dejando lo que estaban haciendo salieron a las azoteas saltando de una a otra, acercándose a donde estaban Los Beatos. Y no había pasado un decimo de una hora, comenzó a llegar gente abajo por los cuatro costados, y las muchachas sorteaban los carruajes. Desde los ventanales y azoteas se asomaban por verlos y otros trepaban por las escaleras. Así, una muchedumbre vino a todo alrededor y pronto estorban al paso. Pero al frente del tablado solo estaban los asistentes, de modo que esta vez era como si entonaran para nadie.

Así Los Beatos, entonaron este otro salmo diciendo:

1. *No me dejes abajo, no me dejes abajo. No me dejes abajo, no me dejes abajo*[236]
2. *Nadie me ha amado como ella.... Y si alguien me amara como ella...*
3. *Estoy en amor por primera vez ¿sabes que durará? Es amor que durará por siempre, es amor sin precedente*

Y a coro:

1. *No me dejes abajo, no me dejes abajo*

La gente se preguntaba: "¿Por qué dirán: 'No me abandones' Siempre hemos estado con ellos de buena gana, cierto?" pero Jonás sabía lo que estaba por venirle, por eso volvía aún más recio:

2. *No me dejes abajo, eey; no-me-dejes-abajo*

Su sonido tronaba entre los paredones de los edificios y se cimbraban los ventanales.

3. *Pliihis, hiihi; hiihi, pliihis.*

236 Abandones.

Para entonces la gente que se había juntado no cabía en la banqueta. Unos vecinos, aquejados de disturbio llamaron a los gendarmes y entonces se despachó una patrulla. Llegados se apostaron a toda la calle, pero una vez ahí quedaron indecisos en cuanto qué habrían de hacer: se voltearon a ver, sacaron pluma y libreta, hicieron apuntaciones, luego se sacudieron los guantes, hasta que un Capitán no hallando más que hacer llegó a la puerta; pero (al verse ante los lentes) tuvo miedo y regresó. Luego volvieron dos y entrando exigieron les llevasen a la azotea. Y en cuanto llegaron arriba y vieron con sus ojos a Los Beatos mismos predicando abiertamente, quedaron enmudecidos.

Pensaron acaso que su presencia les acallaría, mas otro salmo ellos comenzaron a tronar. Llamaron entonces a Mal y le ordenaron que les callara. Con disimulo se acercó este a donde estaba Yorch: "La guardia se queja, debéis parar" Pol contestó: "Nada de parar, sigamos!". Les volvió a decir: "Dicen les arrestarán" "Gran final! dejad que lo hagan" y Rigo también esperaba que fueran por él y le arrebataran de sus tambores, más viendo que no se atrevieron, se decepcionó. Le ordenaron ahora les zafara los cordeles, pero tampoco esto les detenía pues ellos mismos

volvían a conjuntarse. Y así de este modo, Los Beatos dieron su última aparición al mundo. Se volvió Jonás a la audiencia y dijo: "Quiero decir gracias en favor del grupo y ustedes mismos, espero hayamos pasado la audición"[237] y unánime la gente se rió. De ahí les dejaron y se fueron a su casa.

Regreso a la Comandancia, los Centuriones mandaron llamar a los gendarmes inquiriéndoles: "¿Por qué no les habéis traído?" A lo que ellos respondieron: "Jamás oímos a otros entonar así" "¿Pero qué también ustedes han sido engañados?"

2 POR ESOS DÍAS, ya no fue posible ocultar la guerra. No pasaba jornada sin que voceros y escribanos dieran testimonio de salvajismo (de ambos). Sin embargo promover la paz en ese tiempo era menester complicado, cualquier notable podía ser rescindido si osaban incluso opinar veladamente. Y todo aquel que pugnara por la paz se señalaba públicamente sedicioso[238]. Pero a Koyo y a Jonás no les harían callar. Porque ellos querían desaparecer los carros de guerra y los artefactos de combate, con sus jinetes de cascos relucientes y sus lanzas. Un día antes del veinte del tercero,

237 Del modo como se decía cuando la primera audición.
238 Traidor. Apátrida.

contrajeron matrimonio frente al paredón de Braltargi, y se fueron a Damamster a pasar nupcias.

Pero ¡Ve! Recién llegados a su lecho nupcial, de pronto la habitación se llenó de una luz muy blanca que los iluminaba, y entonces descendió ante ellos un ángel del cielo el cual les dejó una carta sobre la cama, y se desvaneció. Tomándola Jonás en sus manos la abrió a leerla[239], y terminaba exhortándoles: "¿Qué haréis vos al respecto?". Eran ricos y famosos, y toda cosa que hacían era de inmediato publicada. Así, se metieron a una cama, y mientras el mundo se derruía en guerras, ellos se entregaron al amor y dieron a la paz una nueva oportunidad.

Dos días luego, confortablemente instalados, llamaron a la más selecta escribanía enviando cartas así: "Venid a las nupcias de Jonás y Koyo". Y en cuanto las invitaciones llegaban a las casas de los escribanos, y teniendo reciente memoria de (la portada de) Los Vírgenes, soltaron cuanto tenían en las manos y salieron despedidos agolpándose a las puertas, entrando

a empellones a la habitación. Mas al ir entrando quedaban todos inmóviles y boquiabiertos, y apenas si podían reconocerles: Recostados apaciblemente como les encontraron, les parecieron como ángeles. Sus ropajes eran blancos como nieve, en un lecho el cual estaba lleno de flores como jardín, y en muros y ventanales enunciados de comprensión, pues en sus mentes solo (había) paz y amor. Al ver la forma en que habían llegado, Jonás les dijo: "¿Pero tal es vuestra prisa por hablar con nosotros? Ahora sé que pensáis que somos capaces de cualquier cosa"

Comenzaron pues a dialogar. Se levantó un escribano y preguntó: "¿Qué hace por la paz protestar desde una cama?" Jonás le dijo: "El modo de Dighan y de Lutero es mejor forma en este mundo de artimañas, ya sea que te quejes por las condiciones de vida, por las condiciones de trabajo o por las condiciones del mundo entero ¿Creéis por ventura que lo haríamos tirando edificios? Si usáis la violencia, caes en el juego de ellos y entonces pueden ir por ti. Los promotores de la violencia tienen guerra cada día y cuando hay una pausa, nos pasan una cinta pasada. Hoy los tabloides son todo: 'Un hombre se come a un bebé' o: '¡Más bombas por favor!'. Siempre nos están

239 Tenía como título: "El juego de la guerra" Era extensa y establecía cómo el mundo estaba instalado y cómo los medios eran controlados para controlar; también trataba del deber de los que tienen acceso a los medios a proponer enunciados positivos (no nomás frivolidad).

diciendo: ¡Guerra, guerra; mata, mata! Así que nosotros decimos: Tengamos paz. Paz en la mente, paz en la casa, paz en la cama, paz en la labor, paz en el mundo"

A la mañana siguiente, muchos tabloides del mundo se refirieron a esto en letras grandes: "Jonás y Koyo se casan y piden por la paz desde la cama"[240]. Nuevamente recostados ante los escribas, Jonás comenzó diciendo: "Una cosa que no queremos es convertirnos en líderes. No queremos ser 'esos' que vendrán a instaurar la paz" Koyo dijo: "Eso sería Dictadura" Jonás continuó: "Muchos dicen: 'Los Beatos fueron el movimiento' pero yo os digo: Los Beatos fueron solo parte del movimiento. Influimos tanto como fuimos influidos; no tengáis error en ello. Buscamos que todo el mundo ayude, nuestra bandera es una blanca, siempre un lugar para otro más. No podemos solamente confiarnos en el señor Sonix o en el señor Súsej o en quienquiera que tendamos a confiar. No intentamos destruir los preceptos que son razonables de la ley, hemos buscado persistentemente la paz, pero muchas sociedades son regidas por gente insana, con objetivos insanos,

y deliberadamente se colocan del lado de la obscuridad y el terror". Y por los días que estuvieron en Damamster, hablaron largamente con los escribanos venidos de las naciones azules y de las naciones rojas, y de muchas otras partes, para que pudiesen preguntar cuanto quisieran[241].

Unos ocho días después de esta conversación, regresaron a La Abadía. Y solo acompañado de Pol, hicieron este nuevo salmo. Antes todavía habían hablado con alegorías a los que podían oír. Con muchas parábolas les habían hablado, pero estaba ya la hora en que no hablarían más así, sino que ahora claramente se pronunciaron:

1. *Anoche mi esposa me dijo: "¡Oh! Muchacho ¿Cuando mueras qué tomarás contigo sino tu alma? ¡Piensa!"* [242]

---

240 Pero otros (los más de Terraingla) les reputaron de holgazanes. Un día con letras grandes ironizando como si fuera un acontecimiento, uno publicó: "¡Hoy se levantarán!"

241 Recibían cientos de cartas en apoyo de muchas partes del mundo, pero también otras muy ofensivas: "No son ustedes más que escoria a quien no provoca sino escupir" otra: "El espíritu de Brándon me ha avisado que morirás el (un) día sexto del tercero"(9).

242 "¿Qué aprovecha al hombre, si gana a todo el mundo, y se pierde o se arruina? ¡Necio!" "Y diré a mi alma: Alma, tienes muchos bienes en reserva para muchos años. Pero Dios le dijo: 'Las cosas que preparaste ¿para quién serán?" Pero evitó decir: "Quien pierda su vida por mí ese se

2. *Sabes que no es fácil, sabes cuán arduo puede venir. Como están yendo las cosas, crucificarán a mí*
3. *Como están yendo las cosas, crucificarán a mí.*[243]

Cuando este salmo vino a luz, las principales Casas del Imperio exclamaron: "Locura tiene ¿quién procura matarle?" y como también se ponía al nivel de Súsej, unánimes instaron su censura. Al saber Jonás esto exclamó: "¡Diantres! No toleran ahí que se hable de Súsej si no se lleva túnica?" Sin embargo, hubo dicho este salmo para que llegando la hora, el mundo se acordara que ya lo había dicho.

Después de esto, Jonás y Koyo quisieron continuar su predicación embarcándose a Nueva Kroy, al otro lado del mundo, para seguir enseñando. Porque sabían que desde ahí su palabra sería escuchada en todas partes. Mas al enterarse los principales del Gobierno se alertaron de inmediato y no consintieron que entraran, pero

no hallaban bien que argumentar. Estando por abordar la barca en Terraingla, se les acercaron unos agentes del Imperio y les informaron: "Si subís, no podréis bajar". Al saber esto ellos, se contristaron mucho[244].

3 SE FUERON pues a Nadáca, porque igual desde ahí también les escucharían. Así, el veinticinco en el quinto, arribaron al puerto de Monterreal. Pero, al ver los Oficiales que eran ellos, de inmediato les llevaron a un lugar aparte y les tuvieron ahí

---

salvará" Lu.12:15, 19, 20, 21, 24, 25; 17:23 y Mat. 10:39.

243 "De oído oiréis, y no entenderéis; y viendo veréis, y no percibiréis" "El hijo del mundo tiene que pasar por muchos sufrimientos y ser rechazado por los ancianos y los principales sacerdotes, los honorables y los escribanos, y ser muerto y levantado para vida eterna" Mat. 13:14, Lu. 9:22.

244 "Seguiré mi camino hoy y mañana porque no es admisible que un profeta sea destruido fuera de la gran ciudad. ¡Oh! Nueva Kroy; la que mata a los profetas que son enviados a ella" "¡Nueva Kroy, Nueva Kroy!, la que mata a los sabios e ilustres y apedrea a los que son llamados a ella" "¡Oh! Nueva Kroy, vendrán días sobre ti cuando tus enemigos te rodearán con vallado, te sitiarán y apretarán por todas partes y te estrellarán contra el suelo a tí y a tus hijos que estén dentro. Y no dejarán piedra sobre piedra, por cuanto no conociste el tiempo de tu visitación. Porque tu gobierno no quiso saber de las cosas concernientes a la paz que en ese tiempo tenía tan libremente" Pero Jonás nunca diría: "Si no hubiéramos venido, ni les hubiéramos hablado, no tendrían pecado; pero ahora no tienen excusa para su pecado" Ni tampoco: "Si yo no hubiese hecho entre ellos, obras que ningún otro ha hecho, no tendrían pecado pero ahora han visto y han aborrecido a mí y a mi pueblo". Lu. 13:33, Mat. 22:37, Lu. 19:4 y Ju.15:22 y 24.

tres horas, preguntándoles sus intenciones y les revisaron todas sus pertenencias. Mientras en la Casa del Gobierno, entrados los principales súbitamente en consejo, deliberaban: "¿Qué habremos de hacer ahora? Si les deportamos nuestro pueblo nos reputará como enemigos de Jonás. Pensarán que consentimos la guerra de Namviét. Mas si les dejamos, el Imperio nos reconvendrá". Pero ya para entonces, el pueblo sabía que habían llegado, de modo que una multitud de mujeres y hombres jóvenes comenzaron a salir de muy buena gana a las calles, a recibirles. Viendo esto los principales, les dejaron entonces y les instalaron en el más confortable hostal de la ciudad. Y así recostándose nuevamente, volvieron a hablar convincentemente sobre la paz[245].

A la mañana siguiente, todo joven de Monterreal estaba volcado a las puertas del hostal. Sirvientes iban y venían a servirles cualquier cosa solo por verles, entre una multitud de escribanos. Así pues, comenzaron a dialogar. E: "¿Qué respondéis a que dicen que lo vuestro bordea la ingenuidad?" J: "Quien nos piense así, así nos verá; dejadles decir algo más (que

criticar) y si nos place nos uniremos (a ellos). Es tan iluso como el vendedor de sopa que por cien años ha vendido la misma sopa pero hoy la anuncia como la nueva sopa azul, así nosotros ahora vendemos paz azul; la propaganda es lo nuestro, lo aprendimos de Beatos. Los gobiernos nos persuaden a la guerra y los mercaderes al consumo, usad la propaganda en la búsqueda de la paz"

E: "¿Qué es para ti la paz?" J: "Paz es no-violencia". Pero luego les dijo: "Por supuesto que siempre habrá violencia, pero debemos canalizarla. No debemos seguir permitiendo que los mecenas del homicidio degusten en los mejores clubes. Si muerte ha de haber, dejad que sea de uno a otro". Koyo agregó: "Nuestro mantra es la paz". E: "¿Habrías tenido tal esperanza de no haber sido Beato?" J: "Los Beatos no tienen nada que ver con la esperanza. Tuvieron toda la fortuna que quisieron y toda la gloria que quisieron. Pero yo os digo que ese tipo de poder no conduce a la verdadera sabiduría. No creáis que hubo una superrespuesta que nos haya venido por haber sido Beatos. Así tampoco no habrá paz que del cielo os venga de modo que de repente ¡zap!: todos tenemos paz. Es necesario que se piense sobre esta, que se hable, se escriba, se publique, se cante sobre ella y

---

245 Que en realidad no les permitieron quedarse, que entonces apelaron, pero perdieron. Que solo estuvieron mientras se dirimió. Diez días luego les pusieron en el primer vuelo.

que todos lo sepan. Hasta que el mundo no se desee paz, nunca la tendremos"

Al otro día, un escribano les preguntó: "¿Hay alguna circunstancia en que justifiques la guerra?". J: "No, no creo que se deba matar, cualquiera la razón" Pero acechándoles, les enviaron a unos espías partidarios del Imperio que se simulasen (justos) escribanos, a fin de sorprenderles en alguna palabra para entregarles a la autoridad del gobernador: "Jonás, ¿habríais dicho a los soldados del Imperio en tiempos de Híster, que vinieron al rescate de vuestro pueblo: 'No practiquéis violencia'?" Mas comprendiendo él la astucia de ellos, les dijo: "Si se hubiesen encamado, muchos ahora vivirían. Fue bueno para ese momento, si eso me urden que os diga. Mas no me habléis de ese año, sino de los precedentes. El mundo siempre dice: 'Fueron los Hermanenses' y ellos siempre dicen: 'Fue Híster', pero yo os digo: fueron todos los de ese tiempo". Y mirando a los ojos a estos escribanos, les dijo: "Así, guardaos que no pase esto a vuestra nación si un día el mundo os culpa de sus males". Y no pudieron sorprenderlos en palabra alguna delante del pueblo; sino que maravillados de sus respuestas, mejor callaron.

Preguntó otro cuándo habrá de venir la paz: "Jonás, antes dijiste que nos vendría en el sesenta(00), aún crees?" le decía esto para ponerle a prueba, pero él conociendo sus pensamientos, le respondió y dijo: "Pude haberos dicho: vendrá en el treinta, o vendrá mañana, ves? No veremos el día en que 'vendrá' incluso como si fuese amenaza. Mientras la guerra no sea destruida del corazón de los hombres nunca habrá paz en la tierra. Creo sinceramente que cuando uno quiere la paz y consiente que puede tenerla, puede tenerla. El único problema es que no saben que pueden tenerla. (La paz) Vendrá tan pronto como los pueblos den cuenta que ellos son el aposento del poder, y que no solo pertenece al Señor Fulano o al Sumo Zutano. El poder reside en el pueblo". Respondiéronle algunos de los escribas: "Maestro, bien has dicho" y ya no osaron preguntarle nada más.

Entre tanto, cientos de mujeres y hombres jóvenes habían venido de todas las colonias de Monterreal, y llegados al pié del cerro que lleva el mismo nombre, subieron hasta lo alto y al día siguiente se reunieron muchos más, como mil, todos ahí en paz y amor. Hacían cánticos, volaban papalotes, y descendientes de Ciafrán y descendientes de Terraingla departían como hermandad, más allá de sus Publicanos.

Otro escribano preguntó: "¿No creéis que vuestra apariencia es causa de disuasión en vez de convencimiento?" J: "Mucha gente nos pregunta: '¿Por qué no recortáis vuestro pelo y vestís traje?' Pero ¿No acaso hacen eso Publicanos y Sacerdotes? y extraviado estáis si por ello crees que son incapaces de mentir. ¿No conocemos acaso los buenos retratos de Gobernantes regodeados entre su familia y el perro[246]? Me cortaría en este momento el cabello si con ello observaras lo que digo". E: "¿Irías a Namviét?" Le acosaban escribanos y voceros implacablemente a hacerle hablar cosas, buscando con insidias cazar alguna palabra de su boca. J: "Decidimos no ir, queremos estar seguros que ir será mejor que quedarnos; no queremos ser santos muertos, no quiero ser un mártir"

Y sucedía que cuando acababa Jonás esos discursos, la gente quedaba asombrada de su doctrina; porque les enseñaba como quien tiene autoridad y no como sus Gobernantes. Enseñaban cada día desde la cama; pero los principales publicanos sacerdotes, los escribanos y los principales del pueblo de Nueva Kroy procuraban callarles. Y no hallaban nada que

pudieran hacer, porque todo el pueblo estaba suspenso oyéndole.

Llegó un cierto escribano retratista, conocido detractor de Jonás, su nombre era Copp. Una vez anunciado, entró y tomó asiento cerca de la cama y comenzó a inquirirles frente a los que estaban: "Una de las primeras cosas que dijeron es que eran tímidos" y sacando un retrato de Los Vírgenes, mofándose lo mostró a todos. Luego volvió a decir: "Jonás: En tu último salmo dices: 'Sabes que no es fácil... a como van las cosas, van a crucificar a mí' ¿Qué dices a esto?" J: "Que me van a crucificar a mí y a ti y a todos" "No te autoricé a hablar por mí" "Lo hice como representante de la raza humana, te guste o no". Copp les escarnecía e insultaba abiertamente a Koyo. Muchos creyeron que Jonás se lanzaría sobre él, mas en cambio, a su vez le preguntó: "¿Por qué hacéis retratos?" Copp contestó: "Por dinero. Exactamente la misma razón por la que vosotros hacéis todo esto" más Jonás le respondió: "¿Pero por ventura no creéis que podría yo mejor hacer un salmo en una hora y ganar más dinero que soportar sandeces de gente como tú? ¡Esto no es por dinero!" y le despidió: "Dejen que se largue" y mientras iba saliendo de la habitación, le dijo: "Gusto conocerte, Barrabás" y comenzó

---

246 Y una prostituta al lado (literal)

a entonar burlonamente la balada: "Sabes que no es fácil...a cómo van las cosas, van a crucificar a Copp" y aún hoy por este día, la memoria de este hombre es recordada con desprecio.

Estaba ahí también, un cierto Pastor conocido pacifista y él mismo había sido cantante de Roca. Así, una vez que pasó, se puso a decirle a Jonás: "Jonás: Los jóvenes de este mundo tienen más poder que todos los obispos, rabinos y sacerdotes puestos juntos, y tú eres su pastor ¿Has alguna vez sentido amenaza por el poder que tienes?" J: "Es un poder abstracto. No tenemos el poder de hacer lo que sea" continuó: "No hay diferencia entre lo que hacemos ahora y lo precedente. Antes dijimos: 'Todo lo que necesitas es amor' ahora decimos: 'Todo lo que necesitas es paz'". Entonces el Rabino dijo: "es verdad lo que dice este hombre, demos una oportunidad a la paz" y al oírle decir esto, al instante le vino a Jonás un salmo entero.

Terminada la asamblea, citó al Pastor al día siguiente. Y así a la mañana, regodeado de muchos insignes, hicieron este otro salmo:

1. *Todo mundo habla que si esto, que si lo otro; que si ello o aquello, que es por causa de allá o acullá; ese tarareo*

Y entonces todos juntos decían en gran coro:

2. *(pero nosotros) solo os decimos: Den chance a la paz. Solo os decimos: Den chance a la paz.*

Algunos de los escribanos ya no se fueron e informaban todo el día lo que pasaba en ese cuarto. Una gran multitud les escuchó con buen gusto y se unieron a la causa, y todos guardaron grata memoria de aquel acontecimiento.

El último día en que estarían en Monterreal, aquellos hombres entonces bajaron en multitud hacía el hostal para adorarles. Mas cuando llegaban ya cerca de la bajada del monte, entendiendo Jonás que venían a hacerle rey, salió a la puerta y con una brazada de flores les encontró y las repartió entre sus discípulos diciendo: "Tomad y volved (al monte) por la paz en el mundo, el amor y la alegría a la vida. Cultiven estas flores como mi palabra".

4 A MENOS de un año de ejercer Sonix el Gran Sacerdocio, según ordenanza del sufragio de su pueblo, oyó de sus espías y consejeros, de estas cosas que acontecían. Entonces los tomó consigo y estaba muy perplejo porque algunos decían: "Jonás está levantando al pueblo, Jonás

extendido, en seña de paz. Y tanto los que estaban detrás como los que estaban adentro, formaban un coro maravilloso, todos muy llenos de esperanza. Y mientras cantaban, en sus ojos veían la venida del señor. Por esto, desde entonces a este salmo se le tiene como el himno contra la guerra.

Al conocer Sonix que esto que cantaban era de Jonás, se turbó y el temor se apoderó de él; exclamó a Verhoo: "¡Mira! Verhoo, están afuera ya. ¡Rápido! Verhoo, llama a la guarda nacional" Mas él le contestó: "¡No! Espera. Necesitamos una solución más permanente a nuestro problema"[253]

6 En CONSONANCIA a esos tiempos[254], a fines del mes onceavo, llamó Jonás a uno de sus sirvientes y le dio la siguiente orden: "Ve a casa de mi madre, pide te entregue mi medalla y la traes aquí". Una vez hecho esto él, le volvió a instruir: "Ve y devuélvela al Palacio". El sirviente, quedando perplejo le respondió: "Pero maestro: ¿qué habré de decirles?" "No paséis apuro, que yo os diré lo que has de decir" Jonás le confortó. Y así, puesto el sol, llegó el sirviente al Palacio y entonces al recibirle los cortesanos, ¡Ve!

Que de pronto el espíritu de Jonás entró en él y comenzó a hablar con su misma voz, que dijo así: "Altezas: devuelvo mi medalla por vuestra participación en Frabia y por vuestro soporte al Imperio en la guerra de Namviét". Al oírlo los Cortesanos, se quedaron estupefactos.

Entre tanto, Jonás y Koyo organizaron una pega de panfletos tan extensa como nunca antes se había visto. Por Tenasa, Ríspa, Dreslón, Él-lei, Nueva Kroy, Línber, Oikot, Landaho y Damamster. De un día para otro, en muros, postes y marquesinas apareció una sencilla sentencia: "La guerra terminó...si quieres" Esta frase fue traducida a casi cada lengua sobre la tierra.

De ahí volvieron a la cama, ahora yéndose a Rontoto[255]. E: "Jonás, muchos antes han intentado la paz del mundo ¿Qué os hace pensar que vosotros podréis?" Como ya antes había hablado de esto, les dijo: "Es como decir: ¿Por qué seguir importunando con el Susejísmo, si Súsej fue muerto? Debemos continuar la prédica de la paz. Vendámosla como si fuera un producto novedoso y en verdad que es así, pues nunca

---

253 JCSS.
254 Cientos de jóvenes en La Unión quemaron en los bosques sus credenciales de filiación al ejército.

255 Eran afables a contestar todo lo que les preguntaban, ya si creían en la reencarnación, ya la pasta dental que preferían.

la hemos tenido. Dejad que se anuncie con edecanes, sobre un caballo corriendo en la nieve o lo que sea". E: ¿En verdad creéis en la paz en nuestro tiempo?" J: "Sí. Como reza nuestra propaganda, la guerra se acaba si quieres. No permaneced con dedo acusante señalando Gobernantes: Este nos dio paz o este nos dio guerra. Es responsabilidad de cada uno lo que pasa en el mundo, en las otras naciones como en la propia. Os hablo por toda la humanidad: no pertenezco a ninguna Diestra, Siniestra, Mediana, Morena, Pálida-susejiana, Protes, Catomana o nada. La guerra esta aquí y ahora. La gente nos pregunta: '¿por qué gastáis vuestro dinero en propaganda? Dadlo mejor a los pobres o dadlo a los niños en guerra'. Pero ya ustedes sabéis que más fruto proviene de prevenir que de curar".

E: "¿Cuál es tu evaluación de esta generación?" J: "Hay dos puntos de vista de lo que pasó en esta última década. Yo tomo la positiva: Los festivales masivos, todo el movimiento de la juventud fue lo que realmente sucedió. Creo fue el cambio, el principio del fin del viejo régimen. El principio de la nueva era" En eso, otro escribano se levantó y le propuso la siguiente pregunta: "(Bueno, pero) ¿Creéis en Dios?..."

Jonás le contestó: "Sí. Creo en Dios", pero luego se puso a decir: "Pero ¿a quién lo haremos semejante o con qué parábola le compararemos?... Creo en Dios como una casa de poder, como un poder supremo; como luz-electra que igual ilumina gentil un cuarto en la obscuridad, que asesina en la silla. No en el Dios-temor o D-perdón o D-gracia, o como de quien se diga: Es bueno o malo o moreno o pálido o diestro o siniestro. Él solo es. No tengáis por Dios como a alguien que pueda decidir: Que este sea feliz o este desgraciado, o: quiero que hoy este muera, o: que sufra pero no muera para que así dé testimonio. Dios no oye, habla, escribe, manda escribir, menos dicta; ni tiene más hijos de los que cada uno somos. Dios es democracia pero también dictadura, pues nada de eso sucede sin consentimiento de los pueblos. Dios es también error de las generaciones antes a nosotros al considerarlo un padre. (Don)Dios no intervendrá ni restablecerá ningún reino justo, ya muchas guerras hemos visto ¿cuánto más requerís?"

Por lo tanto los escribanos se pusieron a murmurar de él porque había dicho: "Dios no es un padre". En respuesta él les dijo: "Dejen de murmurar entre ustedes. Consideramos que el mundo no puede ser tan cruel como para

Albert Anaya

ignorar nuestras necesidades y decimos: '¡Oh! Él debe ayudarme, y si no me ayuda lo repudio, o lo mato'. No esperéis Dios que haga por vosotros; sería hasta falta de responsabilidad. No está a nuestro pendiente ni nos abandona. Dios es también todo lo que la ciencia aún no descubre o no explica a satisfacción"[256]. Por último otro escribano preguntó: "¿Qué opinas de Sonman?" "Igual como los arcanos y las profecías, nuestros salmos significan lo que la gente quiera que signifiquen. Pero no hallaréis nada de matar"

7 DESPUÉS que hubo terminado todas estas palabras al pueblo, volvieron los cuatro a Terraingla, y saliendo de La Abadía se marcharon caminando uno detrás de otro, y al ir cruzando por la esquina de la calle, les hicieron un último retrato. A este retrato llamaron: "Camino a la Abadía"[257]. Por eso hasta este tiempo la calle sigue llamándose así y hoy es lugar de visitación. Y mientras se iban así caminando, alcanzaron a decir a los que ahí estaban:

"Los Beatos no podrán estar nunca divididos. Su sonido sigue presente. Llegaron a más gente, a más países que cualquier otro en el mundo. Trasmitieron que había

tiempo de divertirse y tiempo que no. No pertenecieron a los gobiernos sino a ellos mismos; ese es el mensaje. La gente dio sus gritos y su dinero, pero Los Beatos dimos nuestro nervio; algo mucho más difícil de dar. El arte, como la música, es un intento ínfimo de reproducir lo que hace Dios a cada momento"

"Creo que dimos cierta libertad al mundo. He encontrado muchos que dicen: 'Ustedes salvaron mi vida'. Bien pudimos haber sido Híster, mas nuestros salmos tratan de amor, paz y entendimiento; ninguno dice: '¡venga!, dejad a vuestros padres'[258] detrás de todo eso había un espíritu del que me siento orgulloso"

"Encontré mi respuesta en algún momento. Doy gracias a Dios por llegar a hoy y sentirme cómodo con mi espíritu. Nos damos de cabeza contra la pared cuando pudimos haber pasado por la puerta"

"Los jóvenes tuvieron esperanza, tuvieron esperanza en el futuro y mal nos habría ido de no haber sido así[259]. Los 20's fueron una buena época y Los Beatos una especie de religión. Los encuentros masivos

---

256 "Al diablo (o a Dios) se le aplica lo que no se entiende ni se explica"
257 Como si dijera: A los altares.

258 Porque él no quiso decir: "Quien no deja a su padre y a su madre no es digno de seguirme"
259 En este mundo tendréis aflicción, pero mantened viva la esperanza, que Los Beatos vencieron al mundo.

formaron una nueva Iglesia y
dijeron: 'Creemos en Dios, en la
esperanza y la verdad; y estamos
aquí, unidos y en paz'. No es
un gran desastre, la gente habla
como si fuera el fin del mundo,
es solo un grupo que se dispersó;
ahí están los platos si queréis
reminiscencia. He crecido, ya
no creo en padres, Dios, Kenn o
Híster. Ya no busco un Gurú ya
no busco nada, no hay nada que
buscar. No hay escapatoria. Esto
es lo que hay. Los 20's no fueron
la respuesta, sino solo un resquicio
de esa posibilidad"[260]

---

260 Yorch, Pol, Rigo y Jonás. Resp.

Capítulo Segundo
[261]

1. *TODAS mis grandes discurrencias, creo son hoy perdidas reminiscencias. Creo que todo lo que hacía era, esperar por ti*
2. *Desde este momento en que estoy, sé exacto hacía dónde voy. Creo que todo lo que hacía era, esperar por amor*
3. *No espero creas que el reino de los cielos está en tu mente. No por qué estar solo, no por que temer; es amor real, real amor, es amor real, real amor, es amor real, real amor.*

A dondequiera que iban, escribanos y gente en la calle les preguntaban: "¿Cuándo regresáis a Los Beatos?" Ellos no querían decirles por no contristarlos; pero como no cesaban de preguntarles (¿cuándo regresáis Los Beatos?), un día Jonás les replicó: "¿Tendremos nuevamente que dividir los panes y los peces para la multitud? ¿Ser crucificados de nuevo porque los obtusos no vieron la primera vez o porque viendo no (nos) creyeron?" y concluyó: "Nadie que haya estudiado los grados, volvería a los párvulos, cierto? Así nosotros no podemos volver a Beatos"

Una vez que se hubieron separado, Yorch se retiró a su casa. Pasaba días sin salir, se levantaba al amanecer y se bañaba en agua fría. Un día se fue a un monte cercano y pasó días en contemplación. Convidaba monjes a su casa y tenían grandes disertaciones.

Desde antes, había estado componiendo salmos, y entonces en el mes onceavo del año trigésimo, sacó su primera compilación por su parte, solo contenida en tres platos:

1. *Dulce señor, mi señor ¡oh! mi señor, omm, mi señor*
2. *En verdad te he visto, he estado contigo, en verdad te he visto, Dios; y mucho tiempo no tomó. ¡Oh! Dios. Mi dulce Dios*
3. *En verdad te he conocido, en verdad contigo he ido. Y mucho tiempo no tomó*

En eso, un coro de querubines bajó del cielo incorporándose a su canto:

1. *Luya-ale, Luya-ale*

Continuaba:

1. *En verdad te he visto, en verdad te he visto, en verdad te he visto y mucho tiempo no tomó. ¡Oh! Señor, mi dulce señor*

---

261 "Por que comenzó su obra cuando era como de 30 años"

2. *Yo te he conocido, contigo he ido. Y mostré que mucho tiempo no tomó. ¡Oh! Dios, mi dulce dios. Luya-ale, Luya-ale, Luya-ale*

Y en esto, los querubines de súbito cambiaron a:

1. *Krishna-hare, Krishna-hare, Krishna-hare.*

También tuvo este:

1. *Da amor, da amor, da, paz a la tierra; da luz, da vida. Da esperanza, ayuda a llevar esta pesada carga. Tratando de tocarte y alcanzarte con corazón y alma*
2. *Ohmm, mi señor...toma mi mano, te comprenderé,*
3. *¿Quisieras por favor, oh!, quisieras? Dar amor, dar amor, dar paz a la tierra; dar luz, dar vida. Dar esperanza, ayuda a llevar esta pesada carga. Tratando de tocarte y alcanzarte con corazón y alma*
4. *Ohmm, mi señor...*

Y este otro:

1. *A todos nos vendrá el tiempo que habrá que dejar aquí. No Madre María nos valdrá. ¿Me crees?*
2. *Cuando tu esperanza se este diluyendo. Buscando por la verdad en medio de las mentiras, responde cuando hayas aprendido el arte de morir*
3. *(pero) Habrá un tiempo cuando los más de nosotros regresaremos, trayendo el deseo de ser entidad perfecta*
4. *¿Me crees?*

Mientras, el último día del año trigésimo, Jonás y Koyo sacaron su primera larga compilación, en el siguiente tenor:

1. *He dicho anterior, vete de mi portón, no vengas con eso de: "hermano, hermano, hermano... hermano". Lo he encontrado, lo he encontrado*
2. *Hoy que te he mostrado en lo que he estado, no tomes de nadie palabra que puedas tú lograr*
3. *No hay Súsej que del cielo te venga a salvar. Ahora que lo he encontrado, puedo llorar. Lo he encontrado*
4. *Viejos ritualistas no hacen nada en ti, te mantienen loco sin nada qué hacer. Te tienen ocupado con banquetes en el cielo. No hay gurú que a través de tus ojos pueda ver*
5. *He visto a través del embotado, en todo ello he estado. He visto la religión venir de Súsej a Pol. Lo he encontrado, lo he encontrado.*

Otra enseñanza les refirió diciendo:

1. *Tan pronto como naces menos te hacen; no te dan tiempo en vez de darlo todo. El dolor llega a tanto que ya nada sentís*
2. *Te sedan con religión, sexo y Visión, y tú te crees muy listo, lejos de clases y libre; pero sigues tan silvestre, según puedo ver. Hay un cuarto(para ti)en el cielo, te siguen diciendo; pero primero debes aprender cómo matas sonriendo*
3. *Héroe de clase trabajadora es digno de ser. Si quieres ser héroe, solo sigue a mí.*

También dijo a sus discípulos:

1. *¡Oh! Mira a mí ¿Qué se supone que soy? ¿Qué se supone soy? Mira a mí ¡Oh! Mi amor. Aquí estoy*
2. *¿Qué se supone hago? ¿Qué se supone hago? Aquí estoy ¿Qué puedo hacer por ti? ¿Qué puedo hacer por ti? Aquí estoy*
3. *Mira a mí, mira a mí. ¡Oh! Mira a mí. Aquí estoy*
4. *¿Qué se supone hago? Aquí estoy. ¿Qué puedo hacer por ti? Aquí estoy. Mira a mí, mira a mí, mmm mi amor*
5. *¿Quién es yo? Nadie me conoce sino tú, nadie me conoce solo tú, ¿Quién es yo?*

Nadie más puede ver, sólo tú y mí ¿Quiénes somos? ¡Oh! Amor.

Luego de ahí, pasó por el templo y se puso a entonar este salmo. Y he aquí que ahora lo oyeron hablar claramente, y ninguna alegoría dijo para que no hubiese lugar a engaño ni pie para dobleces del lenguaje:

1. *Dios es un concepto, por el cual medimos, nuestro dolor*

Y por aquellos que taparon sus oídos y cerraron sus ojos, volvió a decir:

2. *Dios es un concepto, por el cual medimos, nuestro dolor*
3. *No creo en magias, Biblia, Tarot, Híster, Súsej, Kenns, Dabú, Mantras, Reyes, Visel, Landy; no creo en Beatos*
4. *Yo solo creo en mí*
5. *El sueño terminó ¿qué se puede hacer? El sueño terminó, eso fue ayer. Antes era otro pero ahora soy yo. El sueño terminó.*

En todo esto, vieron mucha causa para aborrecerle.

[262]Cuando esta compilación salió a las tiendas, Manchap fue y la

---

262 Nuevamente, siendo como de la edad de dieciséis, un día un afamado apologista de Súsej vino al pueblo donde Manchap vivía; y fue a verlo. Y que entonces ahí, repentinamente

adquirió. Y al escuchar "Imagina" y "Dios", le vino razonamiento de este modo: "¿Cómo es que pide no posesiones, cuando él es lleno de estas? ¿Cómo es que dice: No religiones?" y más escandalizado: "¡¿Pero quién en verdad se cree él para no creer en Súsej?!" Y en eso mismo, le vino recuerdo de las Beato-quemas que había presenciado cuando niño y ahora exclamó recio para sí: "¡¿Pero quién en verdad se creía al compararse con Súsej?!" Por esto quedó muy fastidiado y se rodeó de espíritus malignos.

2 EN EL AÑO trigésimo primero en el tercero, junto a un coro de cuarenta niños pobres de Nueva Kroy, compuso un himno a los proletarios:

fue movido a una profunda experiencia religiosa; y al salir, su periodo de rebeldía acabó tan súbito como había empezado. Y como antes fanático de Los Beatos, se convirtió a Súsej; Susejiano Renacido. Y hasta lo ponían al frente como ejemplo para otros jóvenes y él daba su testimonio de la capacidad renovadora y de la trasformación realizada por medio de un espíritu que llamaban santo. Al tiempo luego, se encontraba gustoso en campamentos entre niños ayudándolos en las faenas. Ahora bien, David leía constantemente El Guardián y de este libro vino a discurrir que su misión era salvar a los niños de la mentira e hipocresía de los adultos.

1. *Poder a la gente, poder a la gente, poder a la gente, poder a la gente ahora mismo*
2. *Dices querer revolución, ponte en marcha y sal a la calle entonando: Poder a la gente, poder a la gente, poder a la gente, poder a la gente ahora mismo*
3. *Un millón trabajando por nada, denles ya lo que les pertenece, te vamos a poner abajo cuando lleguemos al pueblo entonando: Poder a la gente, poder a la gente, poder a la gente, poder a la gente ahora mismo*
4. *Les pregunto hermanos: ¿cómo tratan a su propia mujer? Debe ser ella misma para que se libere entonando: Poder a la gente, poder a la gente, poder a la gente, poder a la gente ahora mismo.*

Ya no venía proclamando la paz, sino disensión. Pues él quería quitar de sus tronos a los déspotas y exaltar a los humildes. Y con esto, a los hambrientos de justicia colmaba de esperanza y a los ricos enviaba vacíos. Todas sus causas ligadas a la igualdad y la libertad[263]. Se le oyó también decir estas cosas:

263 Se le ve en manifestaciones de apoyo a la independencia de Irlanda, con trabajadores de los astilleros de Escocia, hizo un salmo para los costes de un juicio contra una

compatriotas de genocidas[273]. Y lo oyeron los principales Sacerdotes y los escribas; y se pusieron a buscar cómo neutralizarlo.

Pero entonces, al otro día, al saber la gente que Jonás había estado firmemente por Clairsin, se dijeron: "Si él lo dice debe ser cierto". Y entonces, el manifiesto del pueblo se volcó como una marejada, y en verdad te digo que dos días luego, tal como Jonás había exhortado en su salmo, Clairsin fue puesto libre[274].

Los agentes volvieron a la ciudad y dieron aviso a Verhoo de todas las cosas que habían visto y oído: "Ningún delito hallamos en este hombre" Pero Verhoo airado les reconvino: "¿Veis cómo no adelantáis nada? todo el pueblo se ido tras él. Alborota por toda nuestra nación, desde el Oeste, Ganmichi y hasta Nueva Kroy". Salidos de ahí los espías, tomaron consejo contra Jonás para destruirle. Buscaban la manera cómo detenerle mediante astucia, pero se decían: "No durante los conciertos para que no se alborote el pueblo", y dudaron en qué vendría a parar aquello.

Como fuera que fuese, un hecho grandioso acontecía: que la nación más largamente poderosa que el mundo haya conocido, era desafiada por un trovador.

---

273 "La Suerte del Irlandés"
274 Un día antes le había sido negado un recurso de apelación que le habría puesto libre.

Capítulo Tercero

CUMPLIDO el año cuarto del tiempo de Sonix, siendo Verhoo segundo Gobernador, conforme a la costumbre había que convocar a La Unión al sufragio, referéndum para Sonix; fines del trigésimo segundo.

Una vez que Jonás y Koyo se hubieron manifestado (políticamente), Los Activos llenos de júbilo fueron otra vez a ellos y ahora les aclamaron: "¡Hurra! Jonás te amamos, lo viste ayer; creemos en ti, di que me salvaré" Y le explicaron: [275]"Habrá como cincuenta mil clamando su amor y más por ti, y cada uno de esos cincuenta mil harían cualquier cosa que les pidieses. Que sigan gritando su devoción por ti, pero añádeles un toque de odio al Imperio. Tú te elevarás a poder superior y nosotros seremos nación. Tendrás poder y gloria, siempre y por siempre; siempre y por siempre…" Se quedó él en silencio, y comprendiendo esto, les contestó: "Ni ustedes mismos o los cincuenta mil, no los Imperiounidenses, ni tu misma Nueva Kroy saben lo que el poder es; entienden lo que el poder es. Si supieran lo que yo sé ¡Oh! Nueva Kroy, verías la verdad; pero cierras los ojos, pero cierras los ojos"[276].

Pero Los Activos siguieron diciendo que Jonás estaba con ellos, y no contentos se pusieron a planear una comitiva como de trescientos a que acecharan a Sonix a donde fuera en campaña, a entorpecerle. [277]Una vez que los espías informaron esto al Verhoo, pasó Jonás a ser considerado como amenaza a (la seguridad de) La Unión.

Koyo y Jonás se separaron del movimiento de los bulliciosos y ganaron sus propios seguidores. Mientras los otros eran iracundos, Jonás predicaba la revolución con bondad y no con la ira. Jonás viajó por Nueva Kroy y otras regiones del Imperio; predicaban a los oprimidos sobre una sociedad de no-violencia e igualdad. Pero cuando los del Gobierno escucharon esto, se dijeron: "¿Cómo es esto que dice? Nuestra sociedad no es igualitaria, el mundo debe ser regido en forma jerárquica. El Emperador esta en la cima y los demás abajo". Y ello les pareció un desafío directo a la autoridad de Sonix.

---

275 Querían que les ayudara en la Asamblea Nacional del partido de Los Demos que se llevaría en el onceavo del treintaidos en la ciudad de Nas Ogeid, para hacer un masivo y eventualmente irrumpirla.

276 JCSS.

277 Como él no desmentía estas implicaciones…

2 URGENTE fue Verhoo a la Casa Negra a ver a Sonix, y entraron solos en consejo. Le dijo:[278] "Hemos estado sentados en la barrera por largo rato" Al oír esto Sonix, supo que se refería a Jonás, y respondió a Verhoo: "¿Por qué os obsesiona? Déjale ir, pronto tropezará y sus seguidores verán que no es digno de seguir" pero Verhoo replicó: "Jonás es asunto serio. A su modo le hemos dejado anterior y mientras él desata una guerra mayor, nosotros aquí charlamos" "Es solo otro parlante que hoy pululan por ahí" "La diferencia es que a él llaman rey, la diferencia atemoriza a mí! ¿Qué de nuestro pueblo?" pero Sonix le decía: "El pueblo tiene lo que quiere, al menos eso creen. Si es él a quien quieren ¿Por qué quitárselos? Es solo un lunático" Verhoo le replicó: "Ve tu mismo tu lugar, no podemos al margen quedar, no puedo dejarte de manos atar; somos la ley y el orden. Piensa en nuestro ministerio ¿No ves que podría ser nuestro final? No debemos dividirnos" y le formuló: "Di entonces así al Concilio, no seas sutil; atemorízales o no lo verán venir" Entonces Sonix a su vez le formuló: "¿Sea así entonces?" y el otro así asintió: "Sea así entonces". Sonix y Verhoo buscaron cómo prenderlo mediante un ardid astuto, y matarlo. Pero

repetidas veces se decían: No sea uno de nosotros, pues el pueblo se alborotaría en contra de nosotros.

A la mañana siguiente, salió Sonix ante los escribanos y declaró estas palabras: "Cuando alguien, de la farándula, viene y participa en la carrera de la polis, él o ella, conllevan gran riesgo e incluso un sacrificio personal"

Una vez que declinó la luz, cerca de la hora última, llamó Sonix en secreto a los principales ministros y sacerdotes junto con los jefes de la guardia. Uno a uno se congregaron en la Casa Negra[279], y pasando se situaron alrededor de una mesa ovalada. Entraron en concilio[280]. Se levantó Verhoo al medio y comenzó: "Caro Sonix, el Consejo espera por ti. Notables y sacerdotes están aquí" Y entonces Sonix les habló: "¡Oh! Caballeros, saben bien lo que nos convoca. Poco es el tiempo y mucha la amenaza" se revolvieron en sus asientos. Verhoo dijo: "Miren a toda la muchedumbre abajo vociferante bloqueando la calle; una obra o

---

278 JCSS.

279 La Casa Negra era una estructura extraordinaria construida por los más grandes arquitectos. Una serie de atrios, como de diez acres. No solo la casa del pueblo, era el centro de la nación. Y se erigía como lugar sagrado y centro de la Aristocracia.

280 Ataviados de togas negras y todos llevaban sombrero con cuernos retorcidos de Bisonte.

dos hace y todos rendidos a sus pies". Y la asamblea comenzó a decir: "(él) es peligroso". Uno de los que estaba se levantó y dijo: "¿Pero que hacer con este Jonás de Púliver? Milagroso hombre, héroe de tontos" Otro continuó: "No ejército no revuelta no pelea convoca" y otro más: "¿Cómo detenerlo? Su clamor se incrementa". Sonix volvió a argumentar: "Veo malos levantamientos, sangre y destrucción. Por causa de un hombre, ruina de nuestra nación". Y la asamblea asintió repitiendo: "Por causa, por causa de un hombre". Mas seguían dudando: "¿Pero qué hacer con esta Jonás-manía? No cómo lidiar con un rey cancionero ¿Cómo luchar contra uno más grande que Visél?". Pero Sonix les espetó: "¡Tontos! vosotros, nada percibís. Debemos arruinarlo completo. Como antes Lutero, Jonás debe morir! Por la búsqueda de nuestra nación, Jonás debe morir" y entonces ya todos a uno asintieron en coro: "Debe morir, debe morir; debe morir" "Por la búsqueda de nuestra nación" "Jonás debe morir, debe morir; debe morir"[281]

Y entonces se propusieron a cometer la locura suprema de todos los tiempos. Se tomaron de las manos, se formaron en círculo y entonces invocaron a La Legión.

281 JCSS

Su nombre era Legión puesto que estaba constituido por muchos de sus próceres. "¡Oh! gran Espíritu. Encarecidamente te rogamos, procedas discreto y misterioso en obra potente: quita al hombre de su mujer". Pidieron que el inmundo les diese un homicida. Aquel día acordaron entregarle para que se le diese muerte. Sabiéndose aprobados por el maligno, entre ellos se decían: "Hemos encontrado la hora de darle muerte". Pero ellos no podían matarlo, sino uno de los mismos a los que Los Beatos habían venido a salvar.

[282]Los principales consejeros de Sonix, se pusieron a buscar en las tablas qué podían hacer para neutralizar a Jonás, cómo ponerse en su contra; pero no encontraban argumento suficiente, y he aquí que uno de los intérpretes de la ley, opinó: "No refrendéis su estancia".

3 COMO SE ACERCABA la fiesta de la Natividad, junto a un coro de cuarenta niños pobres

282 Una causa que Jonás y sus amigos auspiciaban prosperó: Votar desde los 18. Pensaron que sería la ruina de Sonix. Pero Sonix fue votado otra vez y ganó casi 2 a 1; la segunda mayor votación de la historia. Gente de muchas naciones, admirada se decía: "¿pero cómo ha podido ser esto?" Gran frustración, contrariedad que abruma… Mas no terminaría su segundo tiempo.

2 EL DÍA vigésimo del décimo del cuadragésimo, estando en Waiha se enteró que después de cinco años de ausencia, Jonás y Koyo sacaron una nueva compilación; salió al mercado y la compró.

1. Todo mundo habla pero nadie dice La Palabra; todos hacen el amor pero a nadie le interesa. Siempre algo sucede pero nunca pasa nada; todos corren pero nadie hace un movimiento.

2. Todo mundo vuela pero nadie deja la tierra, todo el mundo vuela pero nadie toca el cielo. Todo el mundo gime pero a nadie se hace notar

3. Nadie me dijo que habría días como estos; muy extraños incluso.

1. "Debe estar demente, haciendo lo que hace. Ha de ser un holgazán, lleva su vida en ensueños"

2. Me dan todo tipo de advertencias para salvarme de la ruina. Me dan todo tipo de consejo para iluminarme

3. Cuando les digo que está todo bien, me miran extrañados: "Seguro no eres feliz, no juegas más el juego ¿no extrañas los grandes tiempos? Ya no andas en la bola"

4. Yo estoy solo aquí sentado, mirando el mundo girar y

girar; de veras gusto verlo girar. No más vuelta y vuelta dar. Solo tuve que dejar

5. La gente me hace preguntas, perdidos en confusión. Cuando les digo que no hay problema solo solución, baten sus cabezas y me miran como si hubiera perdido el juicio.

6. Os digo que no tengo apremio, solo estoy aquí haciendo tiempo. Por eso solo estoy aquí sentado mirando el mundo girar y girar. De veras gusta verlo girar. No más a la vuelta y vuelta va

7. Solo tuve que dejarlo, tenía que dejarlo, solamente lo dejé.

Y el día que cumplió cuarenta años, escribió este:

1. Dicen que la vida empieza a los 40. La edad es un estado mental. Y si todo eso es verdad, entonces yo he sido muerto a los 39

2. Si la vida empieza a los 40, espero entonces no sea igual. Ha sido muy arduo, y sin todo este asunto, entonces no quiero reencarnar

3. Dicen que la vida empieza a los 40. La edad es solo estado mental. Y si todo eso es verdad, yo estoy muerto a los treinta y nueve de edad (entonces sabrás que a los 39 moriré).

3 TRES DÍAS DESPUES DE ESTO, abandonó Manchap su empleo como guardia y al salir, en vez de su nombre firmó con el de Jonás[292]. Una sirviente (social) le preguntó: "¿Estáis buscando otra labor?" "No, ya tengo una que cumplir" le respondió. Y lo primero que hizo al salir de ahí, fue y mercó un arma. Y así, a últimos del décimo, fue enviado por el maligno a Nueva Kroy.

Llegó pues a Nueva Kroy, se hospedó tres días en el ACMY[293] y luego en un hostal. Ese día más adelante, bajó y preguntó a los sirvientes por el Kótada, y diciéndole ellos se encaminó allá. Pasó ese día contemplando el edificio y volteaba a los ventanales a ver si los veía, pero no pudo verlos porque no estaban en aquella ciudad. Sin embargo, no terminaba de resolverse; le venían dudas y sentía gran culpa. A la noche, llamó a su esposa a Waiha y ella le convenció de abandonar aquello y regresar su casa. Así el día doceavo, regresó a su casa, pero antes pasó por Giageor[294].

Una vez estando ahí con su esposa, los espíritus le abandonaron; pero solo brevemente. Días luego, volvieron a someterle y entonces le dijo que regresaría a Nueva Kroy a buscar oficio. Siendo de la edad de veinticinco, el día sexto del doceavo[295], por segunda vez Manchap fue enviado hacia Nueva Kroy. Pero antes pasó por Giageor[296]. Llegó el día siguiente de que R. Ganrea ganara los sufragios de La Unión. Por cierto, en muchas partes del mundo se preguntaban: "¿Pero será posible que hayan votado a Ganrea?"

Cerca de la hora novena de la mañana, se alojó en un lujoso hostal porque antes quiso vivir como hombre adinerado. Y estando de vuelta en Nueva Kroy, le vino el espíritu del Guardián y comenzó a emular su escritura y pasó por los lugares que el libro mencionaba. Así, deambulando llegó a la mansión del Kótada. Se acercó al Conserje y le preguntó: "¿Sabe usted si se encuentra Jonás?";

---

292 Todo ese día portó en su identificación de solapa una etiqueta sobrepuesta a su nombre, el de Jonás.
293 Que estaba a 9 cuadras del Kótada. El Kótada estaba en la calle setenta y dos (=9). Edificio gótico de amenazador aspecto, con gárgolas.
294 Porque recordó a una amiga de la infancia entonces Alguacil, a

que le regalara unas ciertas balas. Porque precisó que debían ser de fragmentación; con poder real para detener a cualquier hombre. Mismas que la Asamblea de Naciones tenía proscritas por el daño que causan. Armas hechas en el Imperio no para deporte o cacería, sino para abatir gente.
295 = 9
296 Para entonces diez mil leguas recorridas.

mas este se negó a informarle. Ese día no se encontraba ahí, sino que estaba fuera de la ciudad. Yéndose entonces, rondó las calles alrededor, errante pero sin alejarse mucho; y pasaba otro rato y regresaba con sigilo[297]. Ya bien entrada la noche, se retiró al hostal[298]. Cenó exquisitamente y bebió de los mejores vinos que tenían.

Luego que se fue a su habitación, en consonancia al Guardián, solicitó una cortesana. Y entonces, cuando la mujer llegó, ¡Ve! Que llevaba un vestido del mismo color que la del cuento; David se estremeció[299]. Una vez que se fue, arrepentido llamó a su esposa a Waiha, que en ese momento leía los arcanos, y muy agobiada por que conocía lo de su esposo, le imploró hiciera lo mismo. Terminando de hablar, tomó el libro de los arcanos del hostal y abriéndolo distraído ¡Ve! Que le sale la primera pagina del último evangelio (el de Jonás). Y entonces, asombrado de sobremanera tomó tinta, y justo después del nombre del Apóstol escribió el apellido de Jonás; quedando así su nombre completo. Hecho esto, se quedó contemplándolo hasta quedarse dormido.

4 A LA MAÑANA SIGUIENTE, el día octavo, despertó Manchap más temprano de lo pensado y en cuanto recordó, supo en su corazón que aquel era el día. Pero antes de dejar la habitación, sobre el retablo bajo el espejo dejó cuidadosamente así: el libro de los arcanos, el del Guardián y retratos importantes de su vida. Sabía que llegado el momento los alguaciles le hurgarían. Y mientras lo arreglaba, nuevamente volvió a imbuirse de la presencia del Guardián. Fluía por sus venas y lo poseía completamente; sentía su aliento mismo y aspiraba al maligno de entre el viento.

Una vez que el espíritu le dejó, a la hora décima de la mañana, salió del Hostal dispuesta su arma en un bolso del abrigo. En el camino, pasó por una tienda y compró el último plato, y otro libro del Guardián. Salió de la tienda y tomándolo en sus manos, abrió en la primera hoja y escribió: "Este es mi testimonio", luego su nombre y debajo: "El Guardián".

[300]Mas tarde, como a la hora tercera, regresó Jonás en un carro

---

297 Entró luego en una tienda de libros y compró otra vez El Guardián.
298 15 min. después llegó Jonás.
299 ¿Materialismo Histórico?

300 Que cuando llegó al Kótada, Jonás ya había salido. Cerca del mediodía, salieron a la calle una nodriza llevando en brazos a Neas, hijo de Jonás; y en cuanto lo vio, lo reconoció de inmediato, y se acercó. Neas le pareció el niño más hermoso que jamás hubiera visto, y tomándole

amarillo; Manchap estaba al pié pero no le vio porque absorto leía El Guardián. Pasada la hora séptima de la tarde, llegó al pórtico del Kótada un cierto hombre que gustaba rondar ahí, haciendo retratos de Jonás. Pronto entablaron plática y Manchap le mostró el plato que había adquirido, preguntándole si creía Jonás lo firmaría, "sin duda lo hará" le dijo el hombre.

Como media hora después, mientras todavía hablaban, se oyó por el espacio del pórtico la voz (inconfundible) de Jonás (dando instrucciones a su séquito, como usual) y al oírlo le vino a Manchap un vuelco en el corazón. El retratista se acercó a Jonás y le habló de Manchap, luego el hombre le llamó: "Ven, acércate". Paralizado y lleno de ansiedad, se acercó. Al ver Jonás que llevaba su plato, le dijo sonriendo: "¿Queréis que lo firme?". Lo tomó en sus manos y le escribió: "Jonás L., (año) 40"[301].

"¿Es todo lo que queréis?" le preguntó Jonás; Manchap temblaba enmudecido. "¿Es todo lo que queréis?" "Sí, gracias". Y dicho esto, sin decir palabra, solo se echó atrás. Luego que Jonás se marchó, muy conmovido decía al retratista: "Nadie va a creer esto en Waiha". Y quedando así regocijado, tomó su plato y quiso solo irse. Pero entonces, volvió a escuchar la voz: "¿Por qué no lo hiciste ¡por qué no lo hiciste?! (No por tomar su letra has venido sino su vida)"

El crepúsculo se posó sobre Nueva Kroy, los dos permanecían a las puertas. Pasado un rato, el hombre se dispuso a irse y sugirió a Manchap hacer lo mismo; mas él le reconvino: "¿Pero qué si algo le sucediera. Qué si no le volvieras a ver?" Al oírle esto, se extrañó mucho y lo juzgó. Insistiendo Manchap le ofreció cinco monedas por un último retrato con Jonás cuando llegase, mas aquel se negó, marchándose a su casa. Y mientras iba alejándose, le volvió a decir: "¿Y si no le volvieras a ver" y clamó a gran voz por la calle: "¡Y si no le volvieras a ver?!"

5[302]CERCA de la hora onceava de la noche, dispusieron marcharse

en sus brazos le besó. Y pensó para sí: Hoy es el día en que perderás a tu padre. Y sintió una gran pena por él.
301 Igual como usaban grabar en los sepulcros. Entre tanto, el retratista hacia un retrato del momento: La primera de él con su otrora guía espiritual y la última de Jonás, en vida.

302 Esa misma noche estaban trabajando en los estudios en un salmo que decía así: "¡Oh! señor, ayúdame. Me persigue el ángel de la destrucción.

Jamás la consternación y el miedo reinaron como entonces[314].[315].

6 AL IRSE SABIENDO en las naciones, una onda de miedo se esparció por la tierra y en verdad te digo que el mundo se paralizó. De Púliver a Dreslón, Ríspa, Ciasué, Burgoham y Oikot; desde las naciones azules hasta las naciones rojas, una nube de terror les ensombreció.

Pronto, una multitud como olas de gente, arribó por los cuatro costados al Kótada, de tal cantidad que copaban las calles. Como cardúmenes salían por debajo del suelo y caminaban por las avenidas entre los carros; llevaban velas y candelabros. Y llegados al edificio lloraron muy amargamente. Sin conocerse, se abrazaban consolándose como si de cada uno fuera el luto.

Y como cuando Los Beatos arribaron por primera vez a Nueva Kroy, las casas de antenas llenaron el aire de la ciudad con sus salmos. Y oyéndolas los que estaban fuera, no podían contenerse. Rechinaban sus dientes y caían al suelo de rodillas, se volvían golpeándose el pecho y se jalaban los cabellos. No podían creerlo: "No puede estar muerto, no puede estar muerto" se decían. Los mayores se preguntaban: "¿Cómo el aclamado, pudo ser ejecutado como un criminal?"[316]

A la hora una de la mañana, una multitud de más de mil gentes estaban reunidas afuera del Kótada.

---

314 Mientras, atado de manos y cubierto con dos chalecos de acero, los alguaciles llevaron a David ocultamente, pues temían que la gente lo arrebatara y le diera muerte; no fuera a ser como cuando Kenn. Lo llevaron de un lado a otro dentro de gruesas carrozas, y en la sala de interrogatorios pintaron las ventanas de obscuro. Y sin que nadie le preguntara él decía: "Lo hice solo, lo hice yo solo". Los jueces le inquirieron: "¿Por qué mataste a este hombre, por qué has matado a Jonás?" Él les contestaba: "Tenía que morir, tenía que morir; leed El Guardián, así comprenderéis". Luego que coparon su habitación y vieron lo que había dejado en la repisa, muy extrañados se preguntaban qué había querido decir con todo eso. Y los mismos doctores de la mente no sabían bien qué testimonio dar sobre este hombre. También que hay dudas si Manchap solía cantar: "Imagina que Jonás ha muerto" condiscípulos afirman que nunca le escucharon siquiera mencionar a Jonás. Y también de que no era *fan*, que no hay p.ej. evidencia que tuviera la colección que miles sí tenían completa.
315 Habiendo nacido un día nueve, murió en el Imperio la noche de un octavo; pero nueve en Púliver.

316 Que una muchacha y luego un muchacho se quitaron la vida: "Me despido del mundo, Jonás ha muerto" "El mundo acabó, olvídenlo" Dejaron escrito.

No solo los de su generación: madres y padres trayendo a sus niños, ancianos y gentes ordinarias de todas las nacionalidades y de todos los credos que vivían en Nueva Kroy también estaban. Y cubrieron el pórtico de flores y retratos de Jonás, expresando su condolencia. Se dolían y se lamentaban. A muchos les parecía como desatino y no creían que pudiera estar muerto[317].

Cuando llegaron los encontró Koyo, y saliendo al balcón les dijo: "Él ya no está aquí. He visto a Jonás sonriendo en el cielo, vi a la gente uniéndose en un solo pensamiento"[318]. Afuera del Kótada, se estuvieron hasta que fue domingo, llegados de todos los contornos más de cincuenta mil al bosque central y a las tumbas memorables en toda La Unión: Cagochi, Oiho, Consinwis, Selegna-sol, Ttlesea, Wakeemil, Verden y Hingtonwash.

7[319]**LOS BEATOS** fueron elevados al cielo (por la gente) y se les dio aposento en el cielo;

la memoria de Dios (mundo), son resucitados. Porque fue despreciado y evitado por los hombres, varón de dolores, y fue considerado como de ninguna importancia" Isa. 53:3. "El hombre que había llamado a la paz y al amor, abatido por la locura del mundo. La iniquidad de los hombres consternaba a Jonás y llevaba su carga en los hombros. No tenía mácula y asumía las imperfecciones de su generación, y tomaba sobre sí las injusticias. Tomando muchos males de la gente sobre sí y llevado nuestros dolores; y lo reputaron como andrajoso. Con su doctrina liberó a muchos y por eso hablaron contra él con lengua mentirosa impugnándole con discursos de malas razones. Generación tras generación, siempre ha habido profetas para que digan y adviertan; y generación tras generación los han matado. Mas se inclinarán ante ellos los hijos de aquellos que los humillaban y adorarán las huellas de sus pies, los que los insultaban. Y esta fue su condenación: la luz vino a residir a la gran ciudad, pero amaron más las tinieblas. Porque muchas gentes de muchas naciones habían creído en sus salmos y en su palabra, y los que deberían ser los primeros en aceptar la luz, rehusaron la revelación de las verdades. El que salvó, se dispuso también a perderse; quien rescató a miles, pagó con su vida; al que mucho le fue dado, mucho le fue pedido. A todo aquel a quien se haya dado mucho, mucho se le demandará; y al que mucho se la haya confiado, más se le pedirá. Era necesario que padeciera muchas cosas, y fuera desechado por los ancianos, por los principales sacerdotes y por los escribas y que sea muerto, y que resucite. Fue al otro mundo en orden de pertenecer

317 El Mayor ordenó izar la bandera a media asta en todos los edificios públicos.
318 Y les pidió que guardaran por él silencio. Y algunas estaciones por el mundo, comenzando por Radio Lux, muy increíblemente se callaron.
319 "Vencería a la muerte porque fue imposible que fuera retenido por ella. Ellos no buscaron verle muerto, porque sabían que había resucitado; porque los muertos que están en

asentados a la diestra de los Dioses. Ellos dijeron: "Id por todo el mundo y proclamad las buenas nuevas". Mas nunca dijeron (y seguro que el otro tampoco): "El que creyere (y fuere bautizado) será salvo; mas el que no, condenado es"
Fin.

Ellos, después de haberles adorado, se volvieron a Nueva Kroy, pero no se la pasaron en los templos, bendiciéndolos.
Fin.

"No id ni haced discípulos a ningunas gentes ni ningunas naciones. Y he aquí que nosotros estamos con vosotros todos los días"
Fin.

Hay muchas otras cosas también que hicieron Los Beatos, las cuales se están escribiendo una a una, y pienso que ni todo el mundo bastará para contener los libros que se habrán de escribir.

Fin.[320]

a este. No solo el final de una vida; de una época" Giovanni Pappini. Historia de Cristo.

320:

1. *No imagines que hay Cielo, es fácil si intentáis. No infierno debajo, sobre-nos solo cielo hay. Imagina mucha gente viviendo no mañana ni ayer*

2. *No imagines Naciones, no es difícil la intención. Nada por qué morir o matar, y tampoco religión. Imagina mucha gente, viviendo su vida en paz*

3. *No imagines posesiones, me pregunto si podrás. Sin codicia ni hambre, entre los hombres hermandad. Imagina mucha gente compartiendo todo el mundo*

4. *Me dirás soñador, pero no soy el único. Espero un día nos vengas, así el mundo será uno.*
"Para que todos sean uno; como tú, ¡Oh! mundo, en mí, y yo en ti... La gloria que tú me diste, yo la he regresado, para que seamos uno" Ju. 17:21-22.

Liturgias

I

Mucho tiempo ha pasado desde que Los Beatos ya no pisan la tierra. Gran cantidad de cosas. Te contaré de algunas pocas que recuerdo.

Hoy a la ciudad de Púliver llegan todo el tiempo gentes de muchos países y ya hasta una peregrinación hacen. De llegada, los suben a una carroza pintada de arcoíris, réplica de una que usaron en su viaje mágico y misterioso. Y en cuanto lo abordan todos se conmueven mucho y al ir por las calles el lacayo les pone el himno de Los Beatos y todos cantan: "Oh sí, amamos a los Beatos...y sin ellos tristes estaremos". Las casas donde vivieron fueron reconstruidas y establecidas por el Gobierno como sitios de interés histórico, y que La Caverna fue restituida que con los mismos ladrillos, y que ahora se presentan de ordinario grupos que les imitan hasta en el mínimo detalle. El concierto de la azotea es repetido cada año al llegar la fecha y en el cruce en la Abadía muchos se hacen retratar emulando los pasos que dieron Los Beatos. Y que han puesto un ojo que día y noche observa todo lo que ahí pase. Tal vez un día vuelvan a pasar.

Continuamente buscan jóvenes los más parecidos a ellos y les dan trabajo como dobles. Lo que tienen que hacer en vestirse como ellos, imitar sus gestos, acento y hasta su forma de decir, de modo que los peregrinos se figuren que realmente los están viendo a Ellos; y a muchos en verdad que les vienen visiones. Deben también dejarse corretear, según. Así, bajan las calles corriendo y tras ellos una veintena de mujeres persiguiéndolos en delirantemente. Este asedio se ha institucionalizado de modo que deben ser entrenados para correr, y el que hace de Yorch entrena también para de cuando en cuando tropezarse y azotar en el suelo, como en los días difíciles.

Calles y calzadas se han nombrado con sus nombres o de algunos de sus salmos más recordados: Paseo Los Beatos, Camino Pol, Bulevar Yorch, Calzada Imagina. Es deber de los peregrinos visitar la Iglesia de San Ordep, donde se ha puesto una placa de bronce que recuerda el lugar exacto y la fecha en que ocurrió el encuentro entre Pol y Jonás; así mismo, bajar a la taberna y asistir a los Palacios por donde predicaron. Debajo del primer templo Café (de) Roca Dura en Dreslón, hay un altar dedicado a ellos, reliquias, adminículos y ropajes que alguna vez usaron. Cada mes octavo, miles de gentes se reúnen en Púliver haciendo un festival donde les celebran, y se hacen subastas de objetos relativos, tales como B-cerillos o B-pastillas de naftalina, exposiciones de retratos y grabados, y se planea abrir un hostal temático de habitaciones con nombres como "karma instantáneo" Organizan lecturas y disertaciones en torno a ellos e invitan a gente que alguna vez les conoció o habló con ellos, y dan testimonio.

II

Luego un día decidieron hacer un libro[321]. Tenía ilustraciones para la comprensión de los simples hacia Los Beatos. Y añadieron ahí testimonios de muchas gentes públicas (igual de simples) de que este libro les había iluminado. Ponen este diagrama que dicen muestra que LB son santos y que todos los demás somos desgraciados. Las flechas ilustran que el hombre intenta continuamente subir a una vida más abundante.

---

321 "Fuerza para vivir" Buckingham.

Pero dicen que el siguiente diagrama explica la *única* forma en que podemos cruzar este *abismo*:

"Este diagrama nos muestra que Dios ha cruzado el abismo que nos separa de él, enviando a su hijo, Jonás, a morir por su música. Jonás tuvo que pagar por nuestros errores y la lira misma muestra la escalera que nos une a Dios". Mas adelante dicen: "Pero ¿cómo puede usted recibir a Los Beatos?" y dan la fórmula: "Es simple, busque estar a solas en cualquier parte, y dígales que creé en ellos, que no puede seguir viviendo sin ellos, que en este momento los está aceptando como sus Señores y Salvadores, y que en lo consiguiente les va a permitir que GOBIERNEN TOTALMENTE su vida de usted"

Luego, compusieron unas canciones que usan para adoctrinar y en cada una invitan a la gente a llevar el tiempo y hacer figuras con las manos. Una que oí se llamaba: "Descubre a Los Beatos" que decía: "Atrévete, atrévete a descubrir a Los Beatos, en tu corazón, tin, ton" y esto lo repiten como veinte veces. Y entre cada canción dicen: "Demos un aplauso a Jonás, Pol, Yorch y Rigo". Otra también que ví: "Una ranita, dos ranitas, brincan solitas las ranitas" mientras cantan hacen pequeños brincos en cuclillas para involucrar a la gente, y así brincan y cantan y terminan gritando: "tengo un amigo en Los Beatos" y entonces todos aplauden. En otra ponen a cantar y bailar niños como de doce una canción que va así: "Brazo derecho-brazo izquierdo, pierna derecha-pierna izquierda, cabeza arriba-cabeza abajo, ahora agachados" y ya que hacen y dicen esto, exclaman al unísono: "Alabo a Los Beatos" Y se ve a los mismos niños que les da un poco de pena que los traten de forma tan pueril.

Pero me ha sorprendido más, que hoy por todo el mundo hay templos dedicados a ellos. Y vi que en lo mero alto, arriba de los campanarios han colocado rodeadas de luces, grandes estatuas de un fusil. Que porque es el instrumento por el cual Jonás nos concede vivir; que porque sin esta, no. De los templos que yo conozco entre Parroquias, Sacristías, Catedrales, Capellanías y Abadías, puedo mencionarte las siguientes: La Amable Melodía, El Divino Salmo, El Venerable Acorde, La Sagrada Familia, Los Cristalinos Cristales, La Sedosa Cabellera, Las Santas Liras y Jonás El Cantor. Y están construyendo una imagen de cada uno de ellos, como de dos metros y el peso de un becerro de oro para que los fieles los carguen por las calles y así presentarlos a la gente para que les besen aun sea los tenis o las botas de barro. En los templos han puesto inscripciones sobre los marcos de las puertas con frases como: "Puedes decir que soy soñador, pero no el único" y otros tienen en letras de oro sobre paredones: "Todo lo que necesitas es amor" y "Den chance a la paz". Cada cierto tiempo, celebran congregaciones en estadios y va gente de muchos lugares del mundo. Una vez fui a uno y vi que al centro del estadio habían puesto una estatua de Jonás al momento de ser abatido. Y atrás de esta imagen, propaganda de los patrocinadores oficiales.

Hay una Catedral de la Iglesia de los Salmos de los Últimos Días. Y al entrar, lo primero que se ve sobre las paredes, son nueve retablos colgados a cierta distancia llamados Estaciones que narran la muerte de Jonás. Así pues en el primero se ve Jonás meditando sobre el salmo "Hielo delgado", en la siguiente Manchap siendo atormentado por los demonios arrojando enfurecido todo por el aire, Manchap contemplando el Kótada, Jonás firmando a Manchap, Jonás pasando esa noche a un lado de él, él de rodillas empuñando su arma contra Jonás y Jonás tirado al portón del Kótada. Y al frente, un holograma como de 50 pies de largo centrado justo detrás del altar que al moverse de ángulo tiene una estampa tétrica de un hombre de pie con la cabeza jalada hacia adelante en el preciso instante en que unas flechas de plomo le clavan. Hay también al lado del altar, un cubo de vidrio grueso y en su interior guardan cuatro flechas que dicen son las originales, y estas les merecen profunda solemnidad. Es tanta la gente que últimamente llega a verlas, que antes se empujaban unos a otros, los de atrás a los de adelante que no se movían, pero los ministradores discurrieron poner una banda sin fin para que la gente monte en ella y sin detenerse todos en orden las vean; y al pasar frente a estas las contemplan tristemente y hacen señas con su mano derecha. En las ocasiones solemnes los Sacerdotes se atavían con una bufanda que lleva bordada cuatro cruces, representando las cuatro flechas. Sucedió una vez que en un templo, los sacerdotes pusieron en los altares el arma que dicen es la original, para que la veneraran, lo cual causó gran controversia entre el pueblo, la gente decía: "¿Pero cómo vamos a besar un arma?" sin embargo pronto los sacerdotes les convencieron diciéndoles: "Hermanos, no es que besen una arma de frío metal, sino que ese artefacto significa el instrumento mediante el cual Jonás nos entrega su sangre preciosa y redentora y nos deja su espíritu que redime entre todos nosotros para que podamos seguirle y por lo cual le debemos estar agradecidos" Después de eso ya nadie protestó, y hoy de tal arma se han hecho retratos, los cuales mandar imprimir copias y las distribuyen; hacen réplicas en varios formatos, modifican algunos para usarlas a modo de joya y encargan reproducciones para que sus amigos y familiares. Muchos salones de teatro fueron habilitados como templos y dicen que todos los días se daban ahí grandes milagros. En una ocasión mostraron "Los lentes sagrados de Jonás" cuyos cristales habían sido lavados y consagrados en aguas mismas del Seymer; y los ponían sobre una mesa y la gente desfilaba frente a ellos y a su paso se les permitía tocarlos y ¡mira! Que muchos que habían sido ciegos de nacimiento se curaban de inmediato, y les acercaban los altavoces pidiéndoles dieran testimonio: "¿quién te ha curado?" "El señor Jonás", respondían. Hacían Cadenas de Oración, uno invita a dos, dos a cuatro, cuatro a dieciséis y dicen que el primero recibe las bendiciones de los dieciséis que por él entraron. En otras ocasiones exponen una prenda de Pol o una baqueta de Rigo y que el efecto es el mismo.

III

[322]Uno de esos días, se confirmó que Su Señoría Pol visitaría esta nación a efecto de elevar a los planos de santidad a Jonás y otros mártires que en ese tiempo fueron encarcelados o azotados por causa de La Roca. Y por esto toda la gente estaba rebosante de júbilo, y los sacerdotes entonces instruyeron detenidamente al pueblo: "Apreciables hermanos, el motivo que nos convoca hoy es para hacerles de su conocimiento sobre un próximo acontecimiento del que sin duda estaremos profundamente felices si la providencia no dispone otra cosa. En un par de días vendrá hasta estas mismas tierras y nos visitará Su Señoría Pol. Nuestra congregación se ha ocupado de todos los detalles que involucran una celebración de esta magnitud e importancia. Les haré una reseña de los acontecimientos y de los momentos ceremoniales más gozosos para hacer de esta ceremonia un suceso de memorable profundidad... Y entonces terminada esta formula de beatificación en el nombre de Dios, de Los Beatos y del espíritu de La Roca, todos los presentes inmediatamente vienen en un solemne: Oh, yeah! que canta la comunidad y con este solemne Oh yeah!, un homenaje a los nuevos iluminados. Primeramente se traerán reliquias de ellos si se tienen, porque cuando no se tienen reliquias de alguien no se pueden llevar. Hay una gran expresión de júbilo en el pueblo global, llevando flores a las reliquias y a la imagen de los nuevos santos haciendo todo un homenaje cósmico en una expresión de gozo. Después hacia al final de la celebración, en los ritos conclusivos, habrá ya la presentación de las ofrendas, de los dones, los regalos que se le han de entregar a Pol para que los lleve consigo hasta Dreslón, y que también expresan toda la artesanía de nuestro pueblo y toda esta manera propia de sensibilidad y toda la característica de nuestro ser. Yo creo que Pol lo expresa y lo dice con signos, al canonizar a Jonás, se trata de reconocer los misterios entre nosotros sobre todo el misterio de la gracia de la clarividencia de Pol, que nos comunica, que nos participa el misterio de Los Beatos, que nosotros también descubrimos trasladada en otras lenguas y en otras culturas. Habrá saludos de Pol en varios idiomas, la primera sinfonía será interpretada en idioma Englishñol y dará bendiciones en varias lenguas, además habrá también muchos atuendos con características de la raza y luego la participación de un grupo con la danza de las plumas. Yo estaré allí junto con el Postulador, dirigiéndole la palabra personalmente a Pol para solicitarle la beatificación... Hermanos:

322 A propósito de la Beatificación de J. Diego.

celebremos pues el amor y el cariño que Pol nos tiene, pero sobre todo, el gran significado de que se sobreponga a su edad y que su voluntad sea más fuerte que sus limitaciones físicas, eso lo debemos apreciar mucho porque significa que a pesar de sus limitaciones, él tiene clara conciencia de que hay que llevar y difundir la sabiduría de los Santos Registros a toda criatura sobre la faz de la tierra. Yo insistiría nada más, en que ya sea radiado o por La Visión o en cualquier otra forma en que las personas puedan captar la voz e/o imagen de Pol, presenten ante él el artefacto que estén usando, todos los objetos devocionales que tengan a la mano: platos, carteles o cintas, para que puedan recibir la bendición de Pol, porque siempre todo lo que Pol bendice tiene una alegoría muy especial. Saben bien ustedes que como uno de los amados maestros, Pol ha querido para este mundo un plan de salvación. Lo ha dicho a lo largo de su historia y aun más gozoso es, que lo ha hecho en sinfonías melódicas de poderosas frecuencias que deleitan nuestros oídos y constantemente nos traen pensamientos de esperanza"

Sucede también que de los discos que LB grabaron, acostumbra ahora la tradición llevarlos dentro de vitrinas templadas a visitar lugares donde se precisa algún auxilio. Así cada año durante tiempo de estiaje, algún plato es llevado a un lago de por aquí cerca, a fin que provoque las lluvias. Y cuando llegan, todo el pueblo sale a las calles y se llena de júbilo. Si la sequía es crítica, entonces se precisa emplear uno de los platos originales, y la gente exclama: "¡Mira! Esta vez sí trajeron uno de los meros, meros; no 'Peregrinos'". Pues se usa que los platos originales permanezcan en los templos y los que salen son copias que queman, estos son los Peregrinos. Cada parroquia es poseedora de un original y distintivo, el cual siempre permanece custodiando, velado y adorado, todo el santo día.

Sin embargo, no han estado exentos de controversias, muchas públicas. La primera que me acuerdo es un gran debate porque algunos de los mismos sacerdotes de La Abadía dijeron que las escrituras sobre Los Beatos no eran precisas, que no tenían exactitud histórica y que por tanto había que tomarlas no mucho más que tradiciones. Pero entonces los otros sacerdotes les reprocharon fuertemente: "¡Hipócritas! ¿Acaso su autoridad está por encima de la de Dios, quien nos dio las escrituras?". Y también les maldijeron y los acusaron de intolerantes e intransigentes. Luego, a otros sacerdotes junto con unos tales de un Gobierno se les ocurrió

te alabemos por toda la eternidad". La Natividad la celebran en octubre y la muerte en diciembre, ambas antes de los días quince.

Los artesanos de la joyería, saben bien cuánto representa en ventas la imagen de cada uno de ellos. Así, las medallas que más se venden son las de Jonás abatido. Eventualmente ponen a funcionar programas institucionales con nombres como VEJOTACRICE, que es: "Ve A Jonás A Través De Sus Cristales de Cebolla" o BEIJUNUPA: "Beatos Ilusión Juvenil Que Nos Acerca A Nuestros Padres". Los primeros días del mes segundo, celebran el glorioso arribo a Nuevo-Imperio; al octavo, el Pentecostés electro; festejan también la condecoración de la Realeza, la devolución de la misma medalla, su aparición en el estadio Ashe, y las declaraciones de Jonás de la religión. Así mismo, durante algunas temporadas, se hacen remembranzas por ejemplo de las difíciles aventuras por los Imperios de Oriente; y en el décimo se visten de luto y pesar por el asesinato de Jonás. Del mismo modo también celebran la contribución de Nitrám y el ministerio de Brandon. A la calle sacan el R. Royce que perteneció a Jonás para que las multitudes le toquen a su paso, y no son pocas las gentes que lloran solo de verlo pasar. Y a la entrada del Templo, se había dispuesto una lira que Jonás había tocado y la treparon a una plataforma para ser cargada en hombros, desde la puertas del palacio, pasando lenta y muy serenísimamente por los pasillos atestados de gentes, la llevaban al máximo atrio y desde ahí la adoran. Durante las romerías, llevan sus imágenes encerradas dentro de cuatro vitrinas blindadas. Y tanto es el desconsuelo de la gente, que nomás de verlos vuelven a llorar. Y cuando se les pregunta a los diáconos que las custodian, si no es aquello latría a imágenes, ellos siempre contestan que esas imágenes en verdad no tienen importancia sino por lo que representan y recuerdan. Sin embargo, no hay persona en esta tierra que sea más cuidada que esas figuras.

Sus extensiones son amplias y ellos muy laboriosos. Tienen imprentas a su servicio y mandan publicar y distribuir panfletos en todos los lugares públicos y en los eventos masivos. Uno que me dieron, así decía: "Todos nosotros somos instruidos de tal modo según la tradición. Yo antes adoraba a muchas personas muertas, como filósofos, científicos y diplomáticos pero ahora sé que ellos no son nada pues yo era admirador de muertos ¡hasta que comprendí que Jonás está vivo!

Sábelo bien: ahora mismo estas en grave PECADO MORTAL. Y no por las cosas que hayas hecho, sino por que naciste de esa condición. ¡EL PECADO ESTA EN NUESTRA SANGRE! Satán te causará ser guiado al infierno. ¡DESPIERTA! No vas a ser salvo solo por seguir la tradición, debes nacer de nuevo ¡DEBES NACER DE NUEVO EN LOS BEATOS! Esto no lo digo yo ¡LO DICE DIOS!" Y cuando es tiempo de sufragio mandaban hacer propaganda pegostiosa igual que los aspirantes, poniendo: "Jonás para Gobernador... de mi vida". Pero también hacían comerciales en La Visión, uno de ellos se llama: "Los Beatos quieren bendecirte" y dicen así: "Así es. Si tu deseas una bendición directa de los maestros, puedes solicitar un pergamino donde solemnemente está escrita una bendición para ti y tu familia, sea ocasión de nacimiento, bautizo de renovación o matrimonio, puedes solicitar a nuestros teléfonos una petición de gracia que los mismos maestros firmarán especialmente para ti y así recibirás dicha y virtud igual que la que ellos recibieron del cielo. Llama ahora. No dejes pasar más tiempo con un vacío en tu alma por no tener una bendición de los Beatos. En tu llamada se cargará a tu cuenta un donativo que será destinado a causas nobles: construir santuarios de latría, traducir los salmos a muchas lenguas o regalar platos para los más necesitados de dicha. No olvides que los maestros están esperando impacientes por bendecirte" y al último, en voz rápida pasan: "La firma de los maestros no presentes se imprime con sello reconocido ante la ley y testificado por notario"

V

Últimamente ha habido otra gran controversia sobre los últimos momentos de Jonás. Se trata de una cinta que ha causado conmoción internacional. La cinta hace pensar solamente a través del dolor, es impactante; sesión de dos horas de brutalidad. Una cierta figura pública la financió y el mismo dirigió. Cruda. Hizo levantar los más profundos sentimientos de lástima hacia Jonás. Muchos se desmayaron en las salas y no faltó quien hasta falleciera, fue terrible. La cinta más brutal que muchos hayan visto jamás, muchos salían temblando. Violencia explícita casi hasta sentir nauseas y doler los ojos. Aquí apenas si habla Jonás, solo se muestra cómo su cuerpo es lacerado, sin escatimar detalle. Desde el momento en que cada flecha sale del arma de Manchap, y lenta y desastrosamente se incrusta en las entrañas de Jonás. Cómo cada una se fragmenta adentro y desgarran corazón, pulmones y piel.

Se hacen tomas cercanas de la sangre brotando de las heridas y cómo va perdiendo el aliento; de eso se trata en realidad.

El objetivo era que los videntes se sensibilizaran de la significancia del dolor y la crueldad experimentada hacia Jonás en sus últimos momentos y que se sintiera pena de lo mucho que dicen que hizo contra lo poco que dicen nosotros hacemos. Así pues, pronto se hizo costumbre que en las semanas mayores, se pase la cinta en templos y parroquias. El asunto causó un gran revuelo en el Imperio. Miles en Nueva-Kroy salieron a las calles al sentir que les aludía directamente. Se tenía el temor que pudiera reavivarse el antineoimperialismo.

Un Tetrarca de por aquí, al ver la cinta la defendió así: "Eso fue en realidad lo que pasó exactamente"

Prédica del Púlpito[323]

Los conceptos no bastan, el buen fiel necesita principios y axiomas sobrenaturales, mediante los cuales y con la gracia de dios, viva una vida de fe. El principal y más esencial medio para difundir y robustecer nuestros buenos principios, son la demostración, sin la cual no hay verdadera retórica ni verdadera elocuencia. Lo que debes demostrar es que lo que dices es verdaderamente palabra de dios. Debes probar que tu predica procede de dios; que esta sacada de las fuentes de la revelación; que es la doctrina de Los Beatos, hijos de dios y que concuerda con nuestras enseñanzas infalibles, dirigida por un espíritu de santidad. En esta demostración debes concentrar todas tus fuerzas; esta prueba es de necesidad imperante. Solo la palabra de dios puede engendrar la fe. Nuestro pueblo no puede contemplar intuitivamente las verdades sobrenaturales; por eso es absolutamente necesario que sepa de ellas y que reconozca que realmente son verdades sobrenaturales, y que por lo tanto las ha de abrazar, estribando en la autoridad de Dios. Para esto tenemos las más decisivas razones y ejemplos dignos de imitarse. La razón más poderosa está en la misma índole de la doctrina, que es, en su más verdadero sentido, palabra de dios, y como tal, puede y debe demostrarse. Solo así podrás excitar actos de fe. Es también de absoluta necesidad afirmar que la vida y obra de ellos, no pudo haberse consumado sin la anuencia e intervención de Dios. Manifiesta de una manera clara e irrebatible que es dios quien habla en ellos y por ellos. El noble dechado de amor que se encuentra en múltiples ocasiones los mismos registros, son la más brillante prueba de que nuestras enseñanzas proceden en consecuencia, por inspiración celestial. Ensalza siempre las enseñanzas de los maestros como los hijos de dios. No dudes en tu labor, a través de los registros y de la misma historia, puedes encontrar pasajes donde ellos son apreciados altamente por las multitudes y en esa forma fueron aclamados primeramente maestros, luego emancipadores. La elocuencia sagrada no se trata de otra cosa sino de demostrar que una enseñanza es palabra de dios, y que por tanto, se ha de abrazar con la fe y la practica con verdad sobrenatural. La demostración del orador sagrado, apoyándose en los testimonios de una autoridad infalible, obtiene que se reciba una verdad como sobrenatural. Así pues, la base de la demostración ha quedado establecida por suficiencia. Ahora, ¿que pretendemos cuando demostramos lo que decimos con divinos testimonios sino que se nos

---

323 Tomado casi literal de un libro de más de 100 años.

en sustancia de nuestra inteligencia, sentimiento y voluntad. Como medio principal par trasmitir los santos afectos, hemos de recordar también es el tono comunicativo de conversión. Esta es una manera de elocución que pone al orador en íntimo contacto con los oyentes. El entendido de la predicación ha de ser considerado positivamente como La Palabra en el completo sentido de la palabra, con todos sus útiles y necesarios presupuestos, con todas sus consecuencias, dones, gracias y requerimientos. Todo el depósito fiel constituye, por consiguiente, el asunto de la predicación. La verdad sobrenatural, debe se ante todo el asunto de la predicación, pues el predicador Jonásico es promulgador de la revelación. Hay cosas que se deben creer por necesidad. Insiste con frecuencia en aquellas cosas que es necesario creer con necesidad de medio o de precepto, lo cual conforma la sustancia de nuestra fe. Los conceptos fundamentales que has de tener en cuenta son: dios, ellos e Iglesia. Ante todo, procura inculcar al pueblo los conceptos: de dios, ellos e Iglesia, desentrañando todo su contenido, consecuencias lógicas y prácticas para la vida humana e ingiriendo en los ánimos los sentimientos de afecto que de ellos se derivan. Por ejemplo es conveniente decir: "Para que seáis verdaderos Beatonianos, es menester que nunca se obscurezcan en nuestra alma estos tres conceptos: dios, ellos e Iglesia" Desarrolla de manera sintética y popular, la idea de dios con una breve y sólida demostración de la divinidad de ellos, hecha con episodios concretos relatados en los platos electros, ordénalos con graduación ascendente y como la prueba de la divina fundación de nuestra iglesia: "Ellos vinieron al mundo para establecer la iglesia del mundo y su espíritu vivo que entre nosotros terminó su edificación". Todos estos puntos han de ir a parar a algunas aplicaciones y practicas urgentes, a excitar el temor de dios. Es de inestimable importancia hacer que el pueblo adquiera una plena conciencia de lo que es dios, en toda su grandeza y majestad. Desenvuélvete muchas veces exprofeso el concepto de dios, por la grandeza de las cosas naturales que Él creó, y por la sublimidad de ideas de los sagrados registros. Desarrolla ocasionalmente los grandes pensamientos que inspiran la idea de dios, como base para la comprensión practica de otras innumerables verdades religiosas y resoluciones referentes a la vida. Luego, procura ilustrar estos conceptos con pasajes apropiados de los registros. Manifiesta con otros no menos enérgicos rasgos, la insuficiencia y bajeza de nuestra veneración y adoración. De modo que se haga entender que dios busca adoradores de espíritu y de verdad. En este punto, descríbete a ti mismo en la consagración, el descenso al altar de Jonás, hijo de dios y el hombre, hermano nuestro, de quien tiene el padre todas sus complacencias, y haz penetrar al pueblo en aquella sublime adoración que ofrece Jonás al padre celestial, en cuanto hombre y hermano nuestro y al propio tiempo como hijo de dios.

Después enseña al pueblo, de qué manera podemos juntar nuestras oraciones, alabanzas y acciones de gracia, con las del salvador; cómo ponemos en las manos de Jonás, nuestro hermano, primogénito, nuestras adoraciones; de que manera con él, por él y en él, reconocemos, en espíritu y en verdad, a dios como el primero, el más alto, el único bien, y al mismo tiempo, nuestra miseria, nuestra nada, nuestra dependencia de él. Por semejante manera se puede desarrollar también, con gran fruto, algunos temas morales, como el del temor a dios, la oración, etc. Hágase resaltar bien la personalidad de Dios, que, con inestimable caridad, ninguna cosa aborrece de las que ha creado, y oye y siente cualquier gemido de la más insignificante de sus criaturas, preséntalo como infinitamente misericordioso, pero también como eternamente justo.

El tema principal: "Ellos". Ellos son el asunto principal. Nos lo muestra también el interés dogmático, oratorio y apologético.

El interés dogmático.- Todos nuestros dogmas tienen su raíz en ellos; y en su autoridad se apoyan. De su boca recibimos los dogmas, y de ellos procede toda la verdad. Ellos son el fundamento de nuestra religión.

El interés oratorio.- Ellos son la encarnación del mismo Dios, en quien la divinidad se nos hace intuitiva; el invisible y sobrenatural se hace visible. A Ellos los hallamos en la sublime escucha de los registros, en medio de nosotros; de ahí nace la fuerza oratoria.

El interés apologético.- En el mundo de esos años maravillosos, nuestra iglesia no es otra cosa que la continuación de la vida de ellos como redentores, con todas sus consecuencias y requerimientos. Por esto, hemos de partir de ellos, para interesar a nuestros contemporáneos de la manera más provechosa y permanente por la obra de la vida de nuestros señores, que es nuestra iglesia, con toda su significación dogmática y jurídica. Nuestra religión (y hemos de insistir una vez más sobre esta verdad) no es otra cosa sino Ellos; todo ellos, con su persona y su doctrina, con su humildad y su divinidad, con todas sus consecuencias y exigencias, con todo su reino interior y exterior, con su semilla fecunda que todo trasformó.

La autoridad de los registros. -¿Cómo saber que los registros son la palabra? ¿Podrían realmente probarlo?- La respuesta es sí. Antes que comience esta discusión sobre la autoridad de los registros, déjame primero citar las palabras de antiguos profetas y maestros que predicaron inspirados por el espíritu de Dios y dejaron escritos incuestionables para gloria de los maestros, y que tratan acerca de la actitud que tendrá el mundo: "...su enemigo el diablo, como león rugiente, anda buscando a quien devorar". Lo que hay que comprender de esto, es la actitud del mundo hacia Dios. El mundo está en rebelión contra dios, y la gente del mundo, bajo la influencia de Belcebú busca destruir su fe. Muchos eruditos inteligentes han escrito tratando de desacreditar la autoridad de los registros. Este es uno de los objetivos de Satanás: conseguir que el hombre dude de la palabra. A fin de contrarrestar este ataque, estudiaremos algunas evidencias que atestiguan de la autoridad y origen divino de las grabaciones. No ha habido en la historia del hombre, unos registros que hayan conmovido tanto al mundo como los registros de ellos. Aparte de esto, ¿cómo sabemos que las registros son la verdadera palabra de dios? Veamos las evidencias. Las evidencias a favor de la autoridad de las grabaciones se fundamentan en dos categorías principales: evidencia interna y evidencia externa. Evidencia interna. Por evidencia interna, indicamos la evidencia que se encuentra dentro de los mismos grabados. Por evidencia externa, me refiero a aquella que se encuentra fuera de las grabaciones, por ejemplo, la sociología y la filosofía.

Consideremos primero la evidencia interna: auto-proclamación. El primer hecho es que los mismos grabados dicen ser la palabra. Los autores sabían que estaban escribiendo la palabra, ¿no es esto sorprendente? En segundo lugar, el espíritu santo nos confirma que estos son la palabra. En tercer lugar tenemos evidencia acerca de la capacidad transformadora de los registros. La palabra de ellos, ha trasformado la vida de millones. Esto es porque los registros no son simples grabados sobre las perspectivas de la vida, sino que están literalmente cargados de poder. Son palabra de poder para cambiar vidas. Estas son solo tres evidencias internas que apoyan la autoridad y la inspiración divina. Por supuesto que estos no son los mejores argumentos para entablar debate, pero son evidencias. Hemos estudiado tres evidencias internas que apoyan la autoridad de las grabaciones. Ahora estudiaremos una cuarta evidencia: La unidad. Los registros hablan sobre cientos de temas y sin embargo nunca se contradicen a sí mismas; permanecen consistentes en su tema. Se puede apreciar en cada una de las enseñanzas una incuestionable evidencia de la filosofía del amor, solo que va evolucionando progresivamente.

Transmisión de la revelación divina. Las cosas reveladas por los maestros, contenidas y manifiestas en las sagradas grabaciones, fueron designadas por una inspiración especial, debe tenerse como afirmado por el espíritu, que hay que confesar que los registros enseñan firmemente, con fidelidad y sin error, la verdad que un espíritu supremo quiso que se designara en las nobles letras.

De las formas en que se han de interpretar los grabados. Así pues, quedando comprendido que es un espíritu noble quien habla en los registros hechos por hombres y en la forma humana, para quien desee interpretar comprenda lo que se quiso comunicar, debe indagar con profundo interés el sentido que se intenta en cada circunstancia, según la condición momentánea de el tiempo y la cultura que venteaba alrededor. Pues para comprender lo que se quiso afirmar por los inspirados autores, hay que atender cuidadosamente las formas de pensar, hablar o narrar nativas de su intima y gentilicia naturaleza, si como las que en aquella época más solían usarse en el trato mutuo de los hombres; pues la verdad se expone y propone ya de una manera, ya de otra.

Las armonías sagradas. Las armonías son el pilar principal de nuestra ilustre congregación, piedra angular, fuente de inspiración divina, luz que ilumina nuestras mentes como soplo del divino aliento. Palabra, materia y espíritu de los santos grabados, función ministerial en el servicio divino. Sobresale entre las demás manifestaciones artísticas porque es precisamente el lazo sagrado de unción, y por que se encuentra en perfecta fusión con la palabra, constituyente integral de nuestra solemne congregación. Reconocemos el golpe de Roca como el propio de nuestros maestros y guías, y por tanto sea adoptado con solemnidad por nosotros; lo cual no excluye otros géneros o fusiones experimentadas por estos, así como de otros estilos previa aprobación nuestra. Esta música, es por consiguiente, tanto más santa cuanto más íntimamente esta ligada a nuestras vidas y a la acción litúrgica, ya sea expresando con mayor delicadeza a la oración o fomentando la unanimidad, ya sea enriqueciendo de mayor solemnidad los ritos sagrados. Por tanto, en nuestro último sacrosanto concilio, manteniendo las normas y preceptos de nuestra tradición y atendiendo a la finalidad de la música sacra, que es la gloria de dios y la santificación de los fieles, establece lo siguiente:

Procúrese la más completa compilación mediante cualquier forma de trasmisión, sean estos editados por la vendimia autorizada como por apócrifos. Prepárese un acervo de la mayor abundancia que incluya cualquier imagen o adminiculo que evoque la presencia o que trasmita una alusión hacia los maestros. Atesórense con celo y manéjense con el mayor cuidado y solemnidad, que de la supervivencia de estos artículos depende la vuestra. Cultívese con sumo interés este tesoro prodigado. Edifíquense instituciones superiores de música sagrada. Se decreta que en toda acción solemne de remembranza hacia ellos, sean interpretadas las melodías que más convengan según las circunstancias a efecto de hacer más noble aun la prédica de las letras de acuerdo a los pasajes o eventos que se deseen argüir, así como de conformidad con el calendario establecido de celebraciones y penitencias, además se ha de buscar la participación del pueblo en tales cánticos. En cuanto a la lengua que se ha de utilizar, se recomienda preferentemente aquella propia de ellos; no se prohíbe la traslación siempre que la prosa y la métrica sean confortables y no se diluya o tergiverse la profundidad revelada. Existen pueblos con raíces musicales propias importantes en su vida espiritual y social las cuales han de ser tomadas con sumo respeto, no obstante muéstreles la supremacía de la nuestra, en caso de resultar dificultoso, experimente en forma gradual la fusiones que les permitan el descubrimiento de las letras y la inspiración. Téngase en gran estima los instrumentos electros pero auxiliados por la solemnidad del órgano, cuyo sonido aporta un esplendor notable en las ceremonias, lo cual levanta poderosamente las almas hacia los maestros y hacia las verdades celestiales. Permítase al pueblo participar en composiciones a juicio de nuestra congregación, las letras deberán estar en acuerdo con nuestra doctrina y deben extraerse de los santos grabados o de otras fuentes de nuestro culto.

Concilio

Y vi como sobre su memoria, majestuosas y solemnísimas congregaciones convocaron, asistiendo exclusivamente los más altos dignatarios de una Abadía fundada sobre el honor de Los Beatos. Les llamaban Concilios y tuvieron como fin establecer una nueva doctrina. Me encontré una copia de uno de estos que quisiera contarte:

[324]Este honorable y general conclave, congregado legítimamente por el espíritu de fiel afinidad al espíritu, proponiéndose siempre por fin exterminar los errores que sobre la palabra de los maestros han acaecido, se conserve en esta Iglesia la misma pureza de los sacrosantos registros promulgados por su propia voz e imagen, auxiliado primeramente por los 4 magníficos y luego por los eventuales, mandamos se publicasen sobre toda la faz de la tierra, como fuente de absoluta verdad conducente a nuestra dicha y posterior salvación, considerando que esta verdad dictada por un espíritu de paz y amor esta contenida únicamente en los registros que esta asamblea tendrá a bien calificar, para que sean recibidos mediante el corazón abierto por todos quienes los escuchen o los tengan en videncia, y les tengan en alta estima, les aprecien con solemnidad y sean conservados a perpetuidad. Se resuelve pues hacer un índice de los sagrados registros para que no haya duda sobre cuales son los que se reconocen, y son los siguientes: Todos los registros sónicos, visuales y magnéticos, habidos y los que se descubran o produzcan posteriormente por virtud de arreglos virtuales, sean estos registrados bajo prerrogativa de autoría, como los obtenidos mediante fuentes no reglamentadas.

DECRETO SOBRE LOS SAGRADOS REGISTROS

Se decreta además, con el fin de contener los ingenios insolentes, que ninguno fiado en su propia sabiduría se atreva a interpretar los mismos registros, violentando su contenido para apoyar sus dictámenes, en contrasentido al que nuestra Abadía les ha conferido, a la que con divina exclusividad corresponde determinar el verdadero sentido e interpretación, aunque en ningún tiempo se haya de dar a luz de estas. Los jerarcas declaren a los contraventores para que sean castigados con las penas establecidas en nuestra divina legislación. Así mismo quien publique o dirima sobre su propia interpretación sin contar con previo

---

324 Concilio de Trento.

aval de nuestros correligionarios, bajo cualquier medio de divulgación habido o por haber, sea segregado y merecedor de penitencia. Queda incluidos bajo estos cargos punitivos, cualquier alma que exprese contrariedad a lo aquí expuesto o en desmerito sobre la magnificencia de Los Beatos, que son a saber: Irreverencia, bufonería, fábulas, vanidades y axiomas diabólicos. Todas las personas que profanen sus registros, sean reprimidas con severidad al inspirado arbitrio de nuestros Sacerdotes.

DE LA MISIÓN Y MISTERIO DE LA VENIDA.

No obstante, aunque Jonás murió por todos, no todos participan en la perfección de su sacrificio, sino solo aquellos a quienes reciben fielmente su palabra. Quien no renazca en sus enseñanzas, jamás será justificado, pues en esta regeneración se confiere por el merito de la desgracia del maestro, la gracia con que se hacen justos. Por este beneficio, se exhorta siempre a darnos gracias a nosotros, que hacemos dignos de entrar a la gloria. Por ser Los Beatos luz de los pueblos, este sagrado concilio, reunido bajo la inspiración del espíritu, desea iluminar a todos los hombres con su claridad que resplandece sobre la faz de nuestra Iglesia, anunciando y fomentando la divulgación de los sagrados registros a toda criatura. Y como nuestra Abadía es en Los Beatos como un sacramento o señal de la intima unión con las divinidades y que a su vez son símbolo de paz y amor, se propone a declarar con toda precisión a sus fieles y a todo el mundo, la naturaleza de su misión, a perpetuidad en el universo.

LA VOLUNTAD SALVÍFICA DE LOS BEATOS

Los dioses y las musas han decretado elevar a los hombres a la participación de la vida divina y no abandonan a la especie humana aún caídos en el pecado de prevaricar bajo la influencia de los frutos del huerto de los dioses, dispensándoles los auxilios para que lleguen a ser salvos siempre que estén en perfecta sintonía con los magníficos. Todo esto en atención y complacencia ante su intersección para con las divinidades quienes eternamente les dispensan a sus hijos más amados toda indulgencia para ellos y para sus seguidores, quienes han sido elegidos desde toda la eternidad, predestinados por los dioses a ser conformes y emular su imagen. A todos sus seguidores se determinó convocar en Jonás a nuestra santa congregación a fin que puedan obtener su salvación, la cual prefiguraba ya desde el origen del mundo, preparada admirablemente en la historia del pueblo Terranglés y que se perfeccionará al final de los tiempos. Consumada pues la obra que el padre confió a sus cuatro hijos en la tierra, el espíritu de paz y amor fue diseminado por toda la tierra para que indefinidamente santificara nuestra Iglesia, y que de esta forma los que se deleitan con sus melodiosas palabras, puedan acercarse a los dioses en un mismo espíritu de amor. Este espíritu vive en nuestra Iglesia y en los corazones de los fieles a los maestros. El misterio de nuestra Abadía se manifiesta en su fundación. Pues nuestros maestros dieron comienzo a su Iglesia predicando las buenas nuevas.

ABADÍA

Nuestra Abadía es pues redil cuya única y obligada puerta son Los Beatos, y cuyas ovejas, aunque conducidas por pastores, son guiadas y nutridas constantemente por ellos, jefes de nuestros pastores. La vida de Los Beatos se comunica a los oyentes, que se unen misteriosa y realmente por medio de sus salmos. Porque con su escucha meditada, nos configuramos con ellos, participando realmente en las melodiosas palabras que nos elevan a comunión con ellos. Es necesario que todos los miembros se asemejen a Los Beatos, hasta que ellos queden conformados en nosotros, con-sepultados y resucitados juntamente con ellos hasta que co-reinemos en su unión. Los Beatos, mediadores únicos ante los dioses establecieron su santa Abadía de esperanza y amor en este mundo, por lo cual comunica a todos, su verdad y su gracia. Esta es la única Abadía de Los Beatos y la han erigido para siempre como columna y apoyo de la única verdad en el mundo. Porque ellos fueron enviados por los dioses para comunicar a los hombres el camino de la salvación.

LOS NO-BEATONIANOS.

Nuestra noble congregación participa de la unidad de Los Beatos con todos los que les honran, por estar bautizados en sus armonías, aunque no profesen íntegramente nuestras convicciones, porque muchos de ellos conservan los registros como norma de vida y manifiestan sincero respeto por ellos, y al hacer de esto en su corazón, están marcados con un mismo bautizo universal. De esta forma, el espíritu de inspiración promueve en todos los seguidores de ellos el deseo y colaboración para que se unan en la paz, en un rebaño único y bajo el tutelaje de un solo pastor que se encuentra dentro de nuestra congregación. Para cuya consecución, nuestra unidad no cesa de orar, esperar y trabajar, y exhorto a todos sus participantes a la santificación y renovación, para que su señal despliegue su resplandor con mayor claridad sobre nuestras mentes. Nuestra congregación no niega los auxilios necesarios para la salvación a los que sin ser su culpa, no han llegado todavía a un expreso conocimiento de la sabiduría manifestada por Los Beatos. Pero sucede con demasiada frecuencia que los hombres, engañados por el Maligno, se han hecho necios en sus razonamientos y cierran sus corazones ante estas verdades sónicamente proclamadas, por lo cual se exponen a una horrible desesperación. Los que todavía no han recibido la sabiduría de los santos salmos, están ordenados igual a nuestra Abadía, por varias razones. Pues los que inculpablemente desconocen los registros y buscan con sinceridad a las deidades, pueden conseguir la gracia eterna. En todo caso, todos aquellos que no creen fielmente en Los Beatos como maestros, se encuentran en grave desventaja respecto a la salvación.

CANONES

Para perfección de la saludable doctrina, ha parecido oportuno tratar de los Sangrados Registros de nuestra Iglesia, por los que tiene comienzo toda verdad filosófica, o que comenzada aumenta, o perdida se recobra. Con este motivo y con el fin de disipar los errores y extirpar las herejías que en estos últimos tiempos se han suscitado de los Registros, que son en extremo perniciosas a nuestra Iglesia y a la salvación de las almas, este sacrosanto concilio ha creído deber establecer y decretar los presentes cánones, auxiliados siempre por un espíritu digamos santo:

CÁNONES DE LOS REGISTROS EN COMÚN

I.   Si alguno dijere que, la forma en que estos registros son interpretados por nosotros con el solo preciso fin de fomentar latría a Los Beatos; sea condenado.

II.   Si alguno dijere que Los Sagrados Registros no fueron todos instituidos por gracia del espíritu de La Roca a través de Los Beatos, nuestros señores; o si otro dijere que en ellos no esta contenida toda la verdad, propiedad e inspiración del espíritu; sea condenado.

III.   Si alguno no reconociere por sagrados y canónicos estos Registros, enteros o en sus partes, no los interpretare conforme a muestra fe, o les despreciare a sabiendas o con ánimo deliberado; sea condenado.

IV.   O si alguno dijere, que en estos Registros no se contiene real y verdaderamente la sustancia de su alma; así como quien negare que los Registros no fueron las buenas nuevas y que diga que no se diferencian de ningún otro registro de Roca, sino que son solo distintas formas externas y por consiguiente considerase que igual de digno es uno que otro; sea condenado. O así mismo, quien dijere que estos mismos Registros son tan iguales entre sí, que por circunstancia ninguna, uno es diferente de otro; sea condenado.

V. Quien dijere, que los Registros de Visél, el Bautista, o cualquier otro de los contemporáneos a Los Beatos, tienen la misma eficacia redentora y salvífica que los de Los Beatos; sea condenado.

VI. Si alguno considerare, que los Santos Registros, así como las Antologías tanto visuales como orales, no son necesarios sino superfluos para encontrar la verdad y salvarse; o que los hombres sin ellos o sin el deseo de ellos, alcanzan la sabiduría; sea condenado.

VII. Quien negare, que todos o algunos fieles, no están obligados a escuchar o ver completamente las ocho Antologías, al menos una vez al año, según precepto de nuestra Iglesia; sea condenado.

VIII. Quien dijere, que no siempre, ni a todos les viene la gracia por medio de los Sagrados Registros; o también quien diga que al oírlos o verlos, no se debe dispensar latría; y que por lo mismo, no se debe con peculiar y festiva celebridad ser escuchados en procesiones, según los loables ritos y costumbres de nuestra Orden, o que no se deben exponer públicamente al pueblo para que les adoren, y que los que los adoren son idolatras; sea condenado.

IX. O si alguno dijere, que todos los fanáticos tienen potestad para predicar y administrar los Sacramentos así como el significado de los salmos de Los Beatos; sea condenado.

X. O si alguno dijere, que por los Sagrados Registros, no se imprime carácter en el alma, esto es, cierta señal espiritual indeleble, por cuya razón pueden ser retirados del mercado o requisados; sea condenado.

XI. Quien dijere, que los infantes que gusten de Los Beatos en lo general o en particular de uno de ellos, no se deben contar entre los fieles, por cuanto que no rinden latría sino hasta tener pleno uso de razón e iluminación; sea condenado.

XII. Así mismo, si alguno dijere que debe preguntarse a los infantes si quieren dar por bien hecho adentrarse en la latría hacia Los

Beatos, y que si respondieren que no, debe dejarse a su arbitrio sin exhortarlos a vivir nuestra fe hasta que se conviertan; sea condenado.

XIII. Si alguno dijere, que el mero gusto por estos es suficiente para recibir la gracia, sin la excelsa instrucción de nuestros ministros o de nuestra Iglesia; sea condenado. Y a efecto de que no se reciba condenación o causa de muerte para quienes, instruidos por su propio discernimiento, ven y escuchan indignamente los Registros, deben anticipar necesariamente una declaratoria de absoluta sumisión a nuestra sacrosanta Iglesia. Y si alguno presumiese enseñar, predicar o afirmar en disputas públicas sobre Los Beatos, sin nuestra autorización; sea condenado.

Deben ser los comunes en todos los casos citados, instruidos, convencidos y acaso rectificados; y si llegase la ocasión, llamarles severamente a exhorto. Y si aun no fuese suficiente, recurrir entonces a las maldiciones y al pregón del sacrilegio. No se escatime incluso estigmatizarles, anatematizarles, expulsarles, excomulgarles, atormentarles o incluso administrarles la muerte.

CÁNONES SOBRE NUESTRO SANTO OFICIO

...DCLXI. Si alguno dijere, que nuestra santa Iglesia no fue instituida por voluntad y autoridad de los mismos Beatos, o que nuestros ministros no están avalados por dignidad divina, legítimamente;

DCLXII. Quien dijere, que no se requiere de nuestros ministros en lo que celebran o en los actos que confieren;

DCLXIII. Si alguno dijere, que en nuestra liturgia no se ofrece verdaderamente la sabiduría de Los Beatos;

DCLXIV. Si uno dijere, que el sacrificio de la muerte de Jonás, no aprovecha más que para quien cree en él, o que Jonás no murió por todos los hombres, que por tanto es inapropiado celebrar la muerte de Jonás;

DCLXV. Quienes dijesen, que la palabra de Los Beatos no puede ser dicha o comprendida sino en su lengua original y solo para los suyos;

DCLXVI. Y/O quien diga, que nuestras ordenanzas no solo son arbitrarias sino perniciosas y que se instituyen con el solo fin de fomentar idolatría; SEAN TODOS CONDENADOS.

INVOCACIÓN, VENERACIÓN Y RELIQUIAS DE LAS SAGRADAS IMÁGENES

Manda este venerable concilio a toda persona con cargo y obligación de nuestra Iglesia, a enseñar e instruir con exactitud a nuestros fieles: la intercesión e invocación de Los Beatos, el honor a las reliquias, el uso legítimo de las imágenes; según costumbre y consentimiento. Así mismo se debe enseñar que Ellos reinan conjuntamente con Dios y que es bueno y útil estarles invocando recurrentemente. Hacer también a los fieles, constante exhortación del rezo prolongado, rogando afanosamente la intercesión y auxilio de Los Beatos para alcanzar sus beneficios. Y que son los únicos mediadores entre Dios, de modo que sea necesidad cotidiana, suplicarles verbal y mentalmente. Instrúyase también a los fieles que deben venerar los cuerpos de los santos mártires, es decir, de todos aquellos quienes han sido escarnecidos, encarcelados o eliminados por causa de La Roca, y por los cuales concede Dios muchos beneficios a los hombres. Deben ser condenados, como antiquísimamente los condenó, y ahora también los condena nuestra Iglesia, a los que afirman que no se deben honrar ni venerar las reliquias de los mártires o santos de La Roca; o que es vana la adoración que estos y otros monumentos sagrados reciben de los fieles.

PROFESIÓN DE FE

Los fieles deben declarar en su corazón los siguientes preceptos:

Acepto que los sagrados registros existen y se deben interpretar con aquel sentido que nuestra Congregación sostiene, ya que es su derecho juzgar sobre su verdadera interpretación.

Profeso que los Sagrados Registros son tan verdaderos y que en su profunda escucha y meditación, tiene lugar una verdadera conversión a lo consubstancial de las divinidades. Así mismo creo que la muerte de Jonás, es ofrecida a Dios en un verdadero sacrificio por los que hoy viven y los que vivieron en su memoria.

Resueltamente afirmo que toda voz e imagen de Los Beatos debe ser cuidada y conservada, y que se les debe mostrar el honor y la reverencia debidas.

Afirmo que el poder de las indulgencias fue dejado por Los Beatos exclusivamente a nuestra Congregación y su jurisdicción; y que su uso es inminentemente beneficioso para el pueblo.

Reconozco que nuestra Santa, Melódica y Electrónica Congregación, es madre y maestra de todas las demás religiones existentes o a existir. De la misma manera, rechazo y condeno infernalmente cualquier contradicción a precepto alguno, sobre los anteriores.

Acepto y profesaré libremente esta verdad, de la cual nadie puede abstraerse. Acepto y desde hoy la mantendré en su integridad y pureza hasta mi último aliento. Y haré todo cuanto pueda para convencer férreamente a mi prójimo a creer lo mismo que yo.

Lo último que me enteré es que los líderes de Nueva Kroy y los de Dreslón, quedaron muy decepcionados a la nueva versión de la máxima Abadía de Los Beatos, de una plegaria que estos tienen para la conversión de aquellos. Lo cual podría retrasar por décadas las relaciones interreligiosas. En los cambios anunciados a la impugnada oración, quitaron una referencia a "la ceguera" Neokroyina y Dreslonesca respecto a Los Beatos (pues es que estos nunca los han reconocido como divinidades) y borraron una frase que pedía a Dios: "quitar el velo de sus corazones". La nueva versión aún dice que deben reconocer a Los Beatos como salvadores de los hombres y aún tiene un llamado a la conversión; dice: "Permítenos orar por los Neokroyinos y los Dreslonenses. Que Dios nuestro señor ilumine sus corazones para que reconozcan a Los Beatos como salvadores de todos los hombres"[325]

---

325 Última reforma hecha por Zingerrat a propósito de Los Díosju. Periódico Público. Gdl. Mx., un día del 08.

Créditos

Biblia de Jerusalén, Nuevo Testamento.

El Evangelio según San Mateo. EDIMAT libros.

Historia de Cristo. Giovanni Pappini. Editorial Porrúa.

Jesús. Carolina Moamed. Editores Mexicanos Unidos S.A. de C.V.

Curso de Teología Dogmática. Pablo Arce y Ricardo Sada. Editora de Revistas. México

Práctica del Púlpito. A. Meyemberg. Razón y Fe. Madrid.

The Gospel According to The Beatles. Steve Turner. John Knox Press. London.

The Tao of John Lennon.

Los Beatles. Peter Brown y Steven Gaines. Javier Vergara, Editor.

Los Beatles. Un Diario Ilustrado. H. V. Fulpen. Grupo Editorial Tomo. México.

Los Beatles. Una Historia Inimaginable. Enrique Delgado Fresan. Editora LEEGA S.A. de C.V.

Los Beatles. Una Historia Oral. David Pritchard y Alan Lysaght. Editorial Juventud.

The Beatles Anthology.

The Beatles. Day by day, song by song, record by record. Craig Cross. Universe, Inc. New York.

The Beatles. Ediciones B, Barcelona.

The Beatles 1 y 2. John Robertson y Patrick Humphries.

The Beatles. A Social Phenomenon.

The US vs J. L. Lions Gate.

JL visto por sí mismo. Madrid.

JL & The FBI Files. Phil Strongman & Alan Parker. Sanctuary Publishing.

JL. Jordi Sierra. ABC. S.L.

Nowhere Man. Los últimos días de JL. Robert Rosen. Reservoir Books

Remembering J. L. LIFE Books.

Fuerza para Vivir. Jamie Buckingham.

¿Queremos Rock? Jean Paul Regimbal.

El guardián entre el centeno. J. D. Salinger.

Revista "Siempre! Presencia en México" Años 64-69.

Sociedad humana: Ética y política. Bertrand Rusell.

JesusChristSuperStar, Hair, Nostradamus, History Channel, Nat-Geo, Infinito, México Siglo XX, CNI Canal 40.

youtube, google, yahoo, hotmail.